ANTARKTIS

BUCHER

ANTARKTIS

Von Kap Hoorn ins ewige Eis

Achim und Renate Kostrzewa

NORDNORGE

Inhalt

Seite 1: Goldschopfpinguine im Parademarsch zur Kolonie bei Cooper Bay auf Südgeorgien. Seite 2/3: Die Wände der Tafeleisberge sind höher als die Schornsteine vieler Kreuzfahrtschiffe. Seite 4/5: Das Expeditionskreuzfahrtschiff »MS Nordnorge« vor der Insel Cuverville.

Der britische Wal- und Robbenfänger James Weddell entdeckte 1823 mit seiner Brigg »Jane« das nach ihm benannte Meer.

Presseis, vom Wind aufgetürmt, konnte die Holzschiffe früherer Zeiten zermalmen.

Angeschwemmte Eisberge schmelzen von unten nach oben – Strand von Snow Hill.

Zügelpinguine lieben Eisberge, auf denen sie sich ausruhen können.

Zügelpinguine brüten auf Baily Head und halten dabei Abstand zueinander, so weit sie mit dem Schnabel hacken können.

Antarktisches Festland bei Brown Bluff – Eis, Felsen und Adeliepinguine.

»Bergy Bits« im Lemaire-Kanal: Eisbergfragmente bilden Skulpturen in jeder denkbaren Form.

Antarktika – Kontinent unter ewigem Eis

»Das Leben ist nicht das, was man erlebt hat, sondern das, woran man sich erinnert …«
(Gabriel García Márquez)

Die Antarktis am südlichsten Ende der Welt übt seit jeher eine einzigartige Faszination auf den Menschen aus. Schon der Ägypter Ptolemäus (100–180 n. Chr.) träumte von der Terra australis incognita als »Eden des Südens«. Der berühmte Weltumsegler James Cook (1728 bis 1779) überquerte auf seiner zweiten Weltumseglung von 1772 bis 1775 mit seinem Segelschiff »HMS Resolution« dreimal den Südpolarkreis. Im Januar 1774 hatte er Antarktika einmal umsegelt, ohne das viel gesuchte Land zu entdecken. Bis zum 67. Grad südlicher Breite war er schon vorgedrungen. Weiter nach Süden kam er wegen des Packeises jedoch nicht. So erfuhr er nie, dass er nur noch 130 Kilometer vom Kontinent Antarktika entfernt war. Eher zufällig ist Antarktika dann im 19. Jahrhundert entdeckt worden. Am 19. Februar 1819 trieb ein starker Sturm den britischen Handelskapitän William Smith vor Kap Hoorn 1000 Kilometer nach Süden zu der später von ihm benannten Insel Livingston (Südshetland) ab. Sein Bericht über große Robben- und Walvorkommen löste einen regelrechten Run auf die Antarktis aus. Robbenschläger machten reiche Beute. Die ersten Abenteurer und Wissenschaftler folgten. Den Beginn des 20. Jahrhunderts bezeichnen die Historiker heute als die Zeit der Entdecker oder das »heroische Zeitalter«. Die Antarktishelden erlebten den Schrecken und die Schönheit des Eises zugleich. Nicht nur der Brite Robert Falcon Scott (1868–1912) bezahlte seinen Ehrgeiz mit dem Leben (siehe Seite 38).

DAS SÜDLICHSTE ENDE DER WELT

Antarktika summiert alle Superlative. Es ist der lebensfeindlichste, mit durchschnittlich –56 Grad Celsius der kälteste, der windigste, mit weniger als 20 Millimetern Niederschlag im Jahr der trockenste und mit durchschnittlich 2250 Metern der höchste, entlegenste und menschenleerste Kontinent der Erde. Der amerikanische Autor und Wissenschaftler Stephen Pyne schrieb 1986: »Es ist das Eis, das das Wesen der Antarktis ausmacht. Vom Rand ins Innere nimmt die Eismenge unaufhaltsam zu. Eis erzeugt neues Eis, Eis ist sich selbst genug.«

Die Paradiesbucht, getaucht in das sanfte Licht des Abends. Die Bucht liegt im Westen der Antarktischen Halbinsel. Im Schutz der vorgelagerten Inseln Bryde, Lemaire und Bruce ist das Wasser meist sehr ruhig.

Die Antarktis reicht laut Antarktisvertrag bis zum 60. Breitengrad oder ozeanografisch bis zur Antarktischen Konvergenz. In dieser Konvergenzzone zwischen dem 50. und 60. Breitengrad sinkt das kalte, salzhaltigere, antarktische Wasser unter das wärmere, subantarktische Wasser. Obwohl der Temperatursprung im Wasser nur zwei Grad Celsius beträgt, ist die Antarktische Konvergenz eine wichtige ökologische Schranke für die antarktischen Meerestiere. Das kalte, sauerstoffreiche Südpolarmeer, ein Ringozean, ernährt im Sommer ein einzigartiges Tierparadies.

Der Kontinent Antarktika, eine Kältewüste, bedeckt mit ewigem Eis, liegt bis auf die Spitze der Antarktischen Halbinsel innerhalb des südlichen Polarkreises. Selbst im Sommer bleiben 98 Prozent der Landesfläche schneebedeckt. Lediglich zwei Prozent werden in dieser Jahreszeit eisfrei: die höchsten Bergspitzen, die Nunatakker, einige Trockentäler und hauptsächlich die Küstenstreifen. Nur auf den eisfreien Stränden bauen die Besenschwanzpinguine ihre kleinen Steinnester. Einzig der Kaiserpinguin zieht sein Küken auf dem Eis groß.

Da die Antarktische Halbinsel als Sporn bis 63 Grad südlicher Breite am weitesten nach Norden herausragt, weist sie eine geringere Eisbedeckung auf und ist klimatisch begünstigt. Während im Landesinneren die Eiskappe 3000 bis maximal 4700 Meter mächtig ist, beträgt sie auf der Antarktischen Halbinsel lediglich wenige bis 500 Meter. Auch ist es hier mit null bis maximal fünf Grad Celsius im Hochsommermonat Januar längst nicht so kalt, wie viele vermuten. Dieses günstige Klima hat zur Folge, dass sich vor der Antarktischen Halbinsel der reichste Tierbestand des ganzen Kontinents findet. Die meisten Reisen führen daher zu Recht in diese interessante Region. Mittlerweile sind hier von November bis Anfang März bis zu 20 meist eisgängige Schiffe unterwegs und jedes Jahr werden es mehr. Vagabundierendes Treibeis blockiert im Sommer nur sporadisch den Fahrweg. Ab Mitte März werden die Tage kürzer, die Temperaturen fallen und die Herbststürme setzen ein. Das Meer beginnt zu frieren. Selbst um die Antarktische Halbinsel und die Südshetland-Inseln bildet sich dann ein mehr oder weniger geschlossener Meereisgürtel. Im September erreicht der winterliche Meereisgürtel rund um Antarktika eine Breite von bis zu 1000 Kilometer. Nur wenige Tiere bleiben zurück, wie beispielsweise die Weddellrobben oder die Schneesturmvögel. Alle anderen begeben sich auf den Weg in wärmere Gefilde. Die Pinguine schwimmen nach der Brutzeit – ab Herbst – mit dem sich bildenden Meereis nach Norden. Die großen Wale wandern sogar bis in die subtropischen Gewässer, um zu überwintern und sich fortzupflanzen.

Was macht die Faszination dieses Reisezieles aus, das immer beliebter wird und jeden Besucher in seinen Bann schlägt? Es sind die Lichtstimmungen, die Farben, die unendliche Stille und dann wieder das Brausen des Sturms, aber auch die Kakophonie der Pinguinkolonien mit Hunderten bis Hunderttausenden von Brutpaaren.

Die Sonne malt Muster auf die Berge der Danco-Küste.

WETTERKÜCHE DRAKE-PASSAGE

Die meisten Kreuzfahrten in die Antarktis starten von Ushuaia in Feuerland, von Punta Arenas in Patagonien oder von Port Stanley auf den Falklandinseln. Wir kommen aus dem winterlichen Europa in den Hochsommer der Südhalbkugel. Die Natur blüht in kräftigen Farben: dunkelblauer Rittersporn und Eisenhut, roter Klatschmohn, saftig grün die Südbuchenwälder. Selbst Kap Hoorn bezaubert mit einer Vegetationsdecke aus Gräsern, Moospolstern und Blütenpflanzen. Sobald wir das Kap hinter uns lassen, geht es in die Drake-Passage, in eines der stürmischsten Meere der Welt. Nur 1000 Kilometer Luftlinie liegen zwischen Südamerika und der Antarktischen Halbinsel – die kürzeste Entfernung zwischen einem bewohnten Kontinent und der Antarktis. Australien oder Neuseeland liegen 2200 Kilometer entfernt, Südafrika sogar 3600 Kilometer. Wenn man großes Glück hat und die Drake-Passage ruhig ist, erreicht man bei 15 bis 16 Knoten Fahrt in etwa 36 Stunden das Ziel der Träume. Häufig jedoch dauert es länger. Stürme mit elf Beaufort und mehr türmen dann die Wellen auf. Bleiern hängen die Wolken über dem tosenden Meer, Schaumkronen werden von den Wellenkämmen abgerissen, Wellen klatschen und donnern an die Bugwand. Das Schiff stampft und kommt nur noch langsam voran. Wer sich noch auf Deck halten kann, wird von der Salzluft eingehüllt. Die Drake-Passage ist der Preis, den man für die Antarktis zahlen muss. Riesensturmvögel, Kapsturmvögel, Wander- und Schwarzbrauenalbatrosse sind ständige Begleiter am Heck des Schiffes. Mitten im Ozean meldet der Expeditionsleiter: »Die Wassertemperatur ist von acht Grad Celsius bei Kap Hoorn auf ein Grad Celsius gefallen. Wir überschreiten gerade die Antarktische Konvergenz und befinden uns nun in der Antarktis.« Wer hinausschaut, sieht nur Meer. Wegen des Unterschieds in der Wassertemperatur kündigt sich die Konvergenz oftmals mit Nebel an. Nun tauchen wir ein in die geheimnisvolle Welt aus Eis und Schnee. Wer jetzt an Deck geht, benötigt den roten, warmen und winddichten Antarktisparka, der auf vielen Schiffen ausgegeben wird. Mit Spannung erwarten wir die ersten Eisberge. Ab jetzt dominieren die Farben Weiß und Blau. Langsam tauchen vor uns die schneebedeckten Inseln der Südshetlandgruppe auf.

EIN GEHEIMNISVOLLER ZAUBER – DIE LICHTSTIMMUNGEN

In wilder Schönheit erheben sich die schneebedeckten Gipfel der Antarktischen Halbinsel. Langsam gleitet das Schiff durch den Neumayer- oder den schmalen Lemairekanal. Alle stehen mit Video- oder Fotoapparaten an der Reling. Naturerlebnis pur! Mit allen Sinnen saugt jeder die unvergessliche Atmosphäre auf. Wir befinden uns auf der Südhalbkugel auf 65 Grad südlicher Breite. Auf der anderen Seite der Erdkugel auf 65 Grad nördlicher Breite liegt in Norwegen die Stadt Trondheim, in deren Umland

Abendstimmung am Eingang des Lemaire-Kanals.

aufgrund der Klimagunst des Golfstromes sogar leckere Erdbeeren reifen. Hier nur Schnee, Eis, kein Mensch.

Die unterschiedlichen Lichtstimmungen in der Weite der Landschaft haben ihren eigenen Reiz und sind unvergesslich. Die Mittagssonne taucht die Eiswelt in gleißendes Licht. Millionen Eiskristalle funkeln plötzlich wie Diamanten. Dann wieder wird die Sonne von Wolken verdeckt. Trübes, sanftes Licht überwiegt. Ein einzelner Lichtstrahl wandert wie ein Scheinwerfer über die Bergrücken und verzaubert die Umgebung. Während kurzer Schneeschauer erscheint die Landschaft unwirklich. »Wenn Sie anderes Wetter möchten, dann warten Sie fünf Minuten«, so die Parole des Kapitäns. Spätabends ist die schönste Beleuchtung. Rote Sonnenuntergänge sind allerdings wegen der sehr trockenen und sauberen Luft selten.

Den Eingang des Lemairekanals markiert das Kap Renard mit Una's Tits, einem zweigipfeligen, 747 Meter hohen Berg, der einen Seemann einst an sein Mädchen auf den Falklandinseln erinnert haben soll. Manchmal sind die Gipfel mit Neuschnee weiß bepudert, ein andermal vom Wind blank geblasen. Eingerahmt wird der Lemairekanal von einer 1000 Meter hohen wilden Bergszenerie. Er ist eine Meerenge zwischen dem Festland und der vorgelagerten acht Kilometer langen Booth-Insel. In manchen Jahren taut selbst im Sommer das Meereis hier nicht auf. Dann gibt es ohne Eisbrecher kein Vorwärtskommen. Unser Expeditionsleiter entscheidet sich für eine Tour mit dem Zodiac vor dem Eis. Das Schlauchboot durchpflügt das kalte, zähflüssige Wasser. Eisschollen treiben in der See. Langsam nähern wir uns einer Eisplatte, um die Weddellrobbe nicht zu stören. Sie ruht auf dem Eis und hebt neugierig den Kopf. Mit großen, weit aufgerissenen Augen schaut sie uns an, dann legt sie sich wieder hin. Sie hat wohl entschieden, dass wir keine Gefahr für sie darstellen. Unser Zodiacfahrer hat einen Eisberg mit besonders intensiven Blautönen entdeckt. Er bringt das Zodiac so in Position, dass jeder seine Fotos machen kann. Vom Schlauchboot bietet sich eine ganz andere Landschaftsperspektive als vom hohen Schiff. Mit neuen Eindrücken kehren wir begeistert zurück. Später am Abend, wenn die Luft kälter wird, legt sich Nebel über das Eis im Lemairekanal.

NASSE ANLANDUNG MIT ZODIACS

Kein Hafen, kein Steg – an Land gelangen wir nur mithilfe der sicheren Expeditionsschlauchboote, der Zodiacs. Gummistiefel und warm Ankleiden ist angesagt. Selbst bei ruhiger See weht über dem Wasser ein kalter Wind. Zieht während des Landgangs eine steife Brise auf, bekommt man schon einmal einen Schwall Wasser mit, während das Boot über die Wellenkämme reitet. Es gibt auch plötzliche Wetterumschwünge, die die Rückkehr aufs Schiff zu einem Abenteuer werden lassen. So geschehen im Januar 2001: Morgens um 7.30 Uhr werden die Passagiere zum warmen Bad im Pendulum Cove in der Caldera von Deception eingeladen. Bei starkem Wind

Auf einer Schlauchbootfahrt durch die Paradise Bay erlebt man die fantastische Eiswelt hautnah.

Ein Eisberg wurde von Wind und Wellen zu diesem bizarren Eistor vor der Insel Cuverville modelliert.

nehmen nur 40 Gäste die Zodiacfahrt auf sich. Zumindest von oben werden wir geduscht, denn die Wellen rollen heftig heran. Einmal pro Reise muss man in der Antarktis nass geworden sein, damit der Begriff »nasse Anlandung« auch Sinn macht, meint das Expeditionsteam. Das vorletzte Boot schafft es gerade noch aufs Schiff, dann bläst der Wind mit Stärke zehn bis elf. Meine Kameras werfe ich noch schnell in einer wasserdichten Tasche in dieses vorletzte Boot. Dann stehen wir am Ufer: der Erste, Henryk und ich, die drei Letzten vom Expeditionsteam, und kommen nicht mehr weg. Das Zodiac treibt vor uns in den Wellen. Der Fahrer schafft es nicht, mit dem Heck voran zu uns zu kommen. Wir verharren tief im kalten Wasser und ich habe Angst vor dem messerscharfen Propeller des Außenborders. Wir versuchen es etwa 500 Meter weiter am Ufer nochmals, da scheint es tiefer zu sein. Ein zweites Boot nimmt unser Zodiac an die lange Leine. Jetzt erreicht uns das Boot mit dem sicheren Bug zuerst. Henryk und ich hechten kopfüber hinein. Ich bin jetzt bis zur Brust nass. Unser Erster hilft, das Boot noch etwas zu drehen. Klatschnass rollt er sich mit unserer Hilfe über die Zodiacwulst ins sichere Innere. Er hat bis zum Scheitel im Wasser gestanden, was in der Vulkancaldera glücklicherweise gut über null Grad warm ist. Wir düsen zum Schiff und erklimmen glücklich das Sidegate. – Jetzt erst einmal raus aus den nassen Klamotten und lange heiß duschen! Im Nachhinein sind wir froh, dass sich die Sicherheitsregeln seit 2004 nochmals verschärft haben: Es ist nun Pflicht, mit dem ersten Scoutboot genug Überlebensausrüstung und Nahrungsmittel an Land zu bringen, falls man wegen eines plötzlichen Schlechtwettereinbruchs dort etwas länger ausharren muss. Das ist für die Expeditionsleitung beruhigend, denn wir hatten damals nichts dabei, nur die nassen Klamotten am Leib. Andererseits ist es auch nur einmal in all den Jahren vorgekommen, dass wir mit der Rückkehr solche Schwierigkeiten hatten. Vor jedem Ausbooten prüfen Kapitän und Expeditionsleiter die Wetterverhältnisse und den Swell am Ufer, bevor die Zodiacs zu Wasser gelassen werden.

KARUSSELL FAHREN IN DER CALDERA

Doch der Tag ist noch nicht zu Ende. Sturm mit Windstärke elf und Querwind verhindern unsere Ausfahrt aus der Lagune. Neptune's Bellow ist nur 230 Meter breit. Außerdem liegt noch das Schiffswrack der »Southern Hunter« auf dem Meeresgrund, ein britischer Walfänger, der 1957 hier gesunken ist. Es bleibt nur, den Sturm abzuwettern. Da die Anker das Schiff bei dieser Windstärke nicht halten, kreisen wir in der Bucht insgesamt 75 Seemeilen mit Maschinenkraft. Abends drehen wir immer noch unsere Kreise stur im Uhrzeigersinn. Wenigstens können wir im Schutz der Caldera das ausgezeichnete Dinner genießen. Um 21.00 Uhr springt der Wind um und lässt abrupt nach. Der Kapitän nutzt sofort seine Chance und nach mehr als elf Stunden ständigen Kreisens in Deception spuckt uns die Caldera via Neptune's Bellow wieder aus. Draußen auf See erwartet uns ein Orkan der Stärke elf bis zwölf. Tief taucht der Bug immer wieder in die Wellen ein. Wasser peitscht auf die Scheiben der Brücke. Ans Fotografieren ist nicht zu denken.

PINGUINE – DIE LAUTEN STARS IM FRACK

Pinguine tauchen schon bei der Überfahrt zur Insel vor unserem Boot auf. Von den schweren Vögeln schauen nur der Kopf und der obere Rücken aus dem Wasser. Vermuten sie nahe der Kolonien ihren ärgsten Feind, den Seeleoparden, im Meer, schwimmen sie pfeilschnell oder zeigen das »Delfinspringen«. Dabei schießen sie mit hoher Geschwindigkeit kurz aus dem Wasser. Es wirkt, als ob sie für Sekunden fliegen. Schnell atmen sie ein und aus, bevor sie wieder eintauchen, 50 Meter zurücklegen und erneut springen. Heute ist es warm, so weht uns schon bei der Zodiactour der »aromareiche« Duft der Pinguine entgegen. Im flachen Wasser führen sie uns ihre Morgentoilette vor. Sie drehen sich von einer zur anderen Seite, bespritzen sich mit den Flügeln, um ihr Gefieder zu säubern. Am Ufer begrüßen uns die drolligen Kerlchen im Frack. Am Strand herrscht ein ständiges Kommen und Gehen. Die einen sind auf dem Weg ins Meer. Sie sind schlank und hungrig, müssen erst einmal ihre eigenen Energiereserven nachtanken, bevor sie den Magen mit Krill für das Küken füllen. Die anderen watscheln aufrecht und mit vollem Bauch mühsam den weiten Weg bis zu ihrem Brutplatz. Sie haben richtige Highways zu ihren Kolonien ausgetreten. Wir stehen nur fünf Meter, die der Antarktisvertrag vorschreibt, vor dem Kolonierand und beobachten, wie ein Pinguin im Spießrutenlauf durch die Territorien der Nachbarn rennt. Diese quittieren das Eindringen mit lautstarkem Protest und Schnabelhacken. Endlich hat er sein Nest erreicht. Es ist erstaunlich, wie der Pinguin inmitten von Hunderten oder Tausenden Nestern seinen Brutplatz zielstrebig findet.

Zu Beginn der Brutsaison im November streiten sich die Pinguine heftig um Brutplatz und Partner. Während der Brutzeit mindert das Paar seine gegenseitigen Aggressionen mit Geschenken. Kehrt ein Partner zur Brutablösung zum Nest zurück, präsentiert er einen kleinen Stein. Um diesen nicht so weit tragen zu müssen, klaut er schnell einen beim Nachbarn. Wissenschaftler markierten in einem Nest alle Steine farbig. Nach einiger Zeit fanden sie diese über die ganze Kolonie verteilt. Sind die Küken noch klein, werden sie fürsorglich von ihren Eltern auf dem Nest gefüttert. Mit drei Wochen sammeln sie sich dann im Kindergarten, der von Erwachsenen bewacht wird. Diese haben meist ihr Ei oder Küken verloren und hüten als Onkel oder Tanten die Brut. Der Vorteil ist, dass so beide Eltern Futter herbeibringen können.

Die Küken wachsen schnell. Mit sechs Wochen kommen uns die Eselspinguinküken auf Cuverville wie kleine »Fetttönnchen« vor. Sie zeigen keine Furcht. Außerdem

Ein perfektes Motiv: Zügelpinguine in der Diagonale auf einem Eisberg.

Adeliepinguine auf einer Eisscholle: Aus der Perspektive des Zodiacs ist man als Besucher in Augenhöhe mit der Natur.

braucht ein Pinguin die vorgeschriebenen fünf Meter Abstand nicht einzuhalten! Er ist schließlich der Hausherr. Still bleiben wir stehen. Neugierig nähern die Kleinen sich, wedeln mit ihren Flügelchen und zwitschern ganz aufgeregt. Ein Junges knabbert vorsichtig an meinem Stativ. Sie untersuchen alles auf Fressbares. Ständig haben sie Hunger. Die Eltern sind während der Brutsaison schon ganz dünn geworden. Gerade aus dem Meer zurückgekehrt, werden sie sogleich von ihren beiden Kindern bedrängt. Schmunzelnd verfolgen wir den »Futterlauf«. Der Altvogel rennt ein paar Meter. Seine piepsende Brut stolpert – oft über Geröll und die eigenen Füße fallend – hinterher. Das schnellere Junge wird gefüttert. Es pickt an den Unterschnabelrand des Elternvogels. Das ist der Auslöser, damit dieser den Krill aus dem Magen herauswürgt. Das Junge verschwindet fast im Kropf des Altvogels. Dann rennt der Elternvogel wieder ein paar Schritte, jetzt hat das Geschwisterchen seinen Schnabel vorn. Das gefütterte Junge muss nun erst einmal den Brocken herunterschlucken. Selbst wenn der Altvogel nichts mehr im Magen hat, betteln die Jungen rabiat weiter und laufen hinterher. Er kann sich nur ins Wasser flüchten. Hierher können die Jungen ihm nicht folgen. Erst müssen sie im Februar ihr Jugendfederkleid vermausern. Dabei sehen sie dann ganz struppig aus: Das Erwachsenen-Federkleid blitzt schon hervor, Rücken und Kopf sind aber noch mit Daunen bedeckt. Manche bekommen in dieser Zeit eine richtige Irokesenfrisur. Sobald das Federkleid komplett ist, können die Halbstarken ins Wasser und sind selbstständig.

RUND UM DIE PINGUINE – SCHMAROTZER UND BEUTEGREIFER

Während der Brutsaison im Sommer bildet sich eine Lebensgemeinschaft mit der Pinguinkolonie als Zentrum. Neben den Pinguinen brüten Weißgesicht-Scheidenschnäbel, Riesensturmvögel, Skuas und Dominikanermöwen. Sie ziehen ihrerseits Küken groß und nutzen die Pinguinkolonie als Nahrungsquelle. Stürzt sich eine Skua zwischen die Pinguine, heben diese aufgeregt ihre Köpfe und strecken ihr die Schnäbel zur Abwehr entgegen. Oft können sie aber nicht verhindern, dass die Skuas Eier stehlen oder Küken mit sich zerren, um Futter für ihre eigenen Jungen zu sammeln. Der Weißgesicht-Scheidenschnabel hat eine wichtige Rolle als Gesundheitspolizist und Aasverwerter. Er tötet keine Küken, da sein Schnabel zu schwach ist, erfreut sich bei den Pinguinen aber trotzdem keiner Beliebtheit. Seine Lieblingsspeise ist der Krillbrei, den ein fütternder Pinguin für sein Junges herauswürgt. Der Scheidenschnabel schleicht sich daher an ein Nest, wo gefüttert wird. Plötzlich fliegt er mit viel Lärm auf und erschreckt den Pinguin so sehr, dass dieser den Nahrungsbrei auf den Boden fallen lässt. Sofort stürzt sich der Scheidenschnabel darauf.

An Land sieht man hauptsächlich Pinguine. An manchen Anlandestellen ruhen Krabbenfresser- oder Weddellrobben am Ufer. Die Männchen der Pelzrobben sind agiler. Sie verteidigen ihr Territorium nicht nur gegenüber Artgenossen. Der Strandmeister greift auch uns an, wenn wir ihm zu nahe kommen. Daher ist bei Pelzrobben ein Mindestabstand von 15 Metern einzuhalten. Man sollte die Tiere nicht aus den Augen lassen. Sie laufen schnell und besitzen kräftige, spitze Zähne!

Es gibt sogar Gliedertiere in der Antarktis. Wenn man Steine herumdreht, sieht man millimeterkleine, schwarze Springschwänze (flügellose Urinsekten) oder winzig kleine Milben – das Spinnentier *Alaskozetes antarcticus*. Man kann so viel beobachten, dass die Anlandezeit viel zu schnell verfliegt. Zahlreiche Ufer sind von einer einmaligen Gebirgs- und Gletscherszenerie eingerahmt. Meist ist der Bewegungsspielraum eingeschränkt. Schnee und Gletscher behindern das Weiterkommen. Es gibt keinerlei Pfade. Man wandert über Geröll und positioniert sich am Rande der Kolonien. Die begleitenden Biologen stehen an exponierten Stellen und sorgen dafür, dass die Antarktisbestimmungen eingehalten werden. So dürfen sich nie mehr als 100 Leute gleichzeitig an Land befinden. Mit überwältigenden Eindrücken von einem einzigartigen Tierparadies kehren wir aufs Schiff zurück.

KURS WEDDELLMEER

Eine Fahrt durch den Antarctic Sound bis ins Weddellmeer bleibt ein unvergessliches Erlebnis. Der Mensch allein, umgeben von Eis, jenseits jeglicher Zivilisation, Eindringling, nicht Gast in einer fremden und doch so faszinierenden Welt. Eisberge zum Greifen nah. So weit das Auge reicht, nur weiße und blaue Farbtöne. Das Eis changiert in unzählbaren Farbnuancen von weiß, hellblau, mittelblau bis tief dunkelblau in Tönen, wie sie nur ein Maler mischen kann. Eine hörbare Stille breitet sich aus. Es knirscht, knackt und klirrt. Es rumst und rumpelt. Eisbrocken klatschen ins Wasser. Eine kleine Flutwelle entsteht, danach hört man den dumpfen Aufprall. An der Bordwand kratzt eine Eisscholle. Der Kapitän steuert sein Schiff langsam durch das bis –1,5 Grad Celsius kalte, zähflüssige Weddellmeer. Erst bei –1,8 Grad Celsius friert das 34-Promille-salzhaltige Wasser. 1450 Kubikkilometer Gletschereis kalben jährlich von der mächtigen Eiskappe Antarktikas ins Meer. Viele tausend Jahre alte Eiskristalle, die im ewigen Eis zusammengepresst sind, segeln in bizarren Gebilden unterschiedlicher Größe und Form über den Ozean, bis sie nach Jahren geschmolzen sind und ein neuer Kreislauf beginnt. Eisberge so groß wie Kathedralen, manche spitz zulaufend, andere zeigen bizarre Formen mit Zinnen, Türmchen oder Bögen. Spalten, Risse und Dellen strukturieren die Oberfläche. Majestätisch erheben sich die Eismassen in der gleißenden Sonne über dem glitzernden Meer oder sie scheinen im Zwielicht niedrig ziehende Wolken zu streifen. Um einen besonders eindrucksvollen Eisberg dreht der Kapitän eine Ehrenrunde. Auf einigen Eisschollen stehen größere Trupps Adeliepinguine, denn die Kolonie

Fahrt durch das »Eisklümpchenmeer«, wir sind geschützt durch eine 35 mm dicke Bordwand der Eisklasse »1A1 Super«. Das ist 2,5mal soviel wie eine normale Bordwand.

von Paulet ist nicht weit entfernt. Unter Wasser schimmert das Eis hellblau. Das spezifische Gewicht ist nur geringfügig niedriger als das des Wassers. Daher hält sich Eis nur knapp über der Wasseroberfläche. Wenn wir einen Koloss von 30 Metern Höhe erblicken, reicht er noch weitere 120 Meter unter Wasser. Im Weddellmeer treiben riesige Tafeleisberge – ein besonderer Eisbergtyp, der nur vom Schelfeis abbricht. Ihre Oberfläche ist typischerweise tischeben, die Wände fallen senkrecht ab. Die Wellen schlagen in die ausgehöhlte Brandungskehle. Manchmal ist mitten in der Wand ein tief dunkelblaues Loch mit altem, komprimiertem und sauerstoffarmem Eis. Die Wände der Tafeleisberge sind höher als der Schornstein des Kreuzfahrtschiffes.

Das Eisvolumen Antarktikas beträgt 30 Millionen Kubikkilometer, das entspricht 30 Trillionen Tonnen – eine Zahl mit 16 Nullen –, ein Gewicht, das den Kontinent 600 bis 900 Meter tief in den Erdmantel drückt. Das Eis ist nicht statisch, sondern wird ständig durch Schneezutrag ergänzt. Wo die Inlandeismassen sehr groß sind, schieben sie sich als dicke Eistafeln weit über die Küstenlinie und bilden das Schelfeis. Man unterscheidet zwei große Schelfeisgebiete: das Ross-Schelfeis von der Größe Spaniens und das Rönne-Filchner-Schelfeis von der Größe Schwedens.

Der bislang größte Tafeleisberg hatte die Landesfläche von Schleswig-Holstein. Im McMurdo Sound im Rossmeer können die Eisberge der Schifffahrt gefährlich werden.

Jede Eisfahrt ist etwas Besonderes. Die Eisberge ändern ständig ihre Gestalt. Wenn ein großes Teil abbricht, gerät der Eisblock ins Ungleichgewicht und dreht sich. Das Eis, das vorher unter Wasser lag, sieht nicht weiß, sondern durchscheinend und klar aus. Jeden Tag zeigt diese erstaunliche Formenvielfalt auch wetterabhängig ein anderes Gesicht. Mal schiebt der Wind das Eis zusammen oder türmt es übereinander, an anderen Tagen gibt es weite, offene Wasserflächen mit kleinen Eisklümpchen garniert. Im südlichen Weddellmeer wurden solche Wetterunbilden Ernest Shackleton auf seiner Transantarktischen Expedition zum Verhängnis. Sein kleines Holzschiff geriet ins Presseis und sank schließlich im Oktober 1915 (siehe Seite 114).

WANDELN AUF DEN SPUREN FRÜHERER ENTDECKER

Entlang der Antarktischen Halbinsel wandeln wir auch auf den Spuren früherer Entdecker. Auf dem Kontinent Antarktika lebten nie Ureinwohner wie die Inuit, das arktische Nomadenvolk. Die übrigen Landmassen waren viel zu weit entfernt, das Klima zu eisig. Wegen der abgeschiedenen Lage ist Antarktika erst spät im 19. Jahrhundert entdeckt worden. Doch dann wurde eine Expedition nach der anderen ausgerüstet. Anfangs blieben die Pioniere auf ihren Schiffen. Am 24. Januar 1895 betraten Carsten Egebert Borchgrevink und Alexander von Tunzelmann erstmals den Kontinent bei Cape Adare in der Ostantarktis. Wer um 1820 die Antarktische Halbinsel entdeckte, ist bis heute ein Streit unter Historikern. Für die Amerikaner ist es Nathaniel Palmer (1799–1877) gewesen, für die Briten Edward Bransfield (um 1795 bis 1852), und für die Russen und viele weitere Nationen war es der Baltendeutsche Baron Fabian von Bellingshausen (1778–1852).

Der Bremer Eduard Dallmann fuhr mit dem ersten deutschen Dampfschiff, der »Grönland«, schon 1873 westlich der Antarktischen Halbinsel entlang. Er beschrieb erstmals den Lemaire-Kanal. Der belgische Baron Adrien de Gerlache führte auf seiner »Belgica«-Expedition 1898 zahlreiche Kartierungsarbeiten und großflächige Vermessungen durch. Die Expedition hatte überwiegend wissenschaftlichen Charakter. Ein paar der weißen Flecken auf der Landkarte sollten getilgt werden. Viele Landschaften hier haben ihre Namen durch diese »Belgica«-Expedition erhalten: Lemaire war ein belgischer Konsul in Afrika. Die Dancoküste heißt nach dem Astronomen Emile Danco, der auf der Expedition seinen Tod fand. Die Gerlachestraße ist nach dem Expeditionsleiter dieser erfolgreichen Fahrt benannt worden. Zwischen Antarktischer Halbinsel und dem Palmer-Archipel blieb die »Belgica« aber im Eis stecken. So kam es zur ersten unfreiwilligen Überwinterung in der Antarktis. Der Pole Henryk Arctowski gehörte dieser Expedition an. Er gab der polnischen Forschungsstation auf King George seinen Namen. Als Steuermann fuhr der Norweger Roald Amundsen mit, der 13 Jahre später als erster Mensch den Südpol erreichte. Damals nahmen die Abenteurer unglaubliche Widrigkeiten und Mühen auf sich. Sie hatten mit unvorstellbarer Kälte zu kämpfen. Selbst die Innenwände der Schiffe waren eisbedeckt. Ihre Kleidung und Nahrung war nur unzureichend. Die Antarktis zog manche dennoch derart in ihren Bann, dass sie von diesem Zauber nie mehr loskamen. Ernest Shackleton kehrte sogar dreimal zurück, bis er 1922 dem Herztod in Südgeorgien erlag.

Lange Zeit war der Südpol Traum aller Abenteurer, dieser imaginäre Punkt mitten im Eis, um den sich alles dreht. Der legendäre Wettlauf zum Südpol ließ den Briten Robert Falcon Scott als tragischen Verlierer und den Norweger Roald Amundsen als strahlenden Sieger hervorgehen. Amundsen und seine vierköpfige Mannschaft, mit Unterwäsche aus Fell, Rentierfellanorak und Bärenfellhandschuhen gekleidet, setzten voll auf die kälteerprobten Techniken arktischer Inuit. Am 14.12.1911 hisste Amundsen die norwegische Fahne am Südpol. Scott dagegen hatte es versäumt, optimale Fortbewegungsmittel wie Skier und Schlittenhunde richtig einzusetzen. Seine Transportmittel versagten, die Expeditionsplanung war völlig unrealistisch. Die eisige Natur erlaubt hier keine Fehler. Scott und seine fünf Begleiter erreichten den Südpol völlig erschöpft erst fünf Wochen später am 17.1.1912. Maßlos enttäuscht traten sie den Rückweg an. Unterernährung, Erfrierungen und letztendlich ein starker Sturm brachten ihnen ein paar Kilometer vor dem schützenden Depot den Tod. Auf der Rossinsel bei Cape Evans ist Scotts Hütte zu besichtigen.

Der Waterboat Point in der Paradise Bay ist ein beliebter Anlandeplatz.

FORSCHEN AM ENDE DER WELT

Die Antarktis darf bis 2041 nur der friedlichen, erdwissenschaftlichen und biologischen Erforschung dienen (siehe Seite 258). Alle Nationen, die an diesem Vertragswerk stimmberechtigt beteiligt sind, haben sich verpflichtet, eigene Forschungsstationen zu unterhalten. Die Bundesrepublik Deutschland ist erst seit 1981 Mitglied dieses elitären Clubs, die DDR war schon 1974 beigetreten. In der deutschen Neumayer-Station in der Atka-Bucht wird ganzjährig geforscht. Die Logistik übernimmt der Eisbrecher »Polarstern«. Die Station ist nach dem Geophysiker Georg von Neumayer benannt und beherbergt im antarktischen Winter bis zu zehn Forscher, im Sommer bis zu 50 Personen. Auf King George Island (Südshetland) arbeiten seit 1994 im Sommer deutsche Wissenschaftler mit Argentiniern und Niederländern im Dallmann-Labor, das als Annexstation der argentinischen Jubany-Station angeschlossen ist. Die Räumlichkeiten für die Forscher sind beengt. Privatsphäre gibt es kaum.

In der Nähe der polnischen Station Arctowski in der Admirality Bay liegt Copacabana. Der Name klingt nach Sonne und dem warmen Sandstrand Rios. Man spürt die Begeisterung einiger Forscher, die wie die Amerikanerin Candice trotz unwirtlicher Bedingungen und einfachster Unterkünfte hoffen, einen erneuten Forschungsauftrag zu erhalten. Andere werden mit der Stille und Einsamkeit nicht fertig. Nirgendwohin kann man ausbrechen oder fliehen. Nur zwei Sommermonate forscht Waclav hier. Trotzdem zählt er die Tage, bis er wieder in seine Heimat zurückkehren kann. In der ukrainischen Forschungsstation Vernadsky auf dem Argentine-Archipel südlich des Lemaire-Kanals treffen die Forscher Anfang März ein und werden erst wieder im nächsten Februar abgelöst. Ein Meeresbiologe, mehrere Geophysiker, ein Arzt und Hilfskräfte haben sich für ein Jahr verpflichtet. Sie betreiben Ionosphären- und Magnetfeldforschung, machen Erdbebenaufzeichnungen und meteorologische Untersuchungen. 1996 haben die Ukrainer die ehemalige Faraday-Station von den Briten übernommen. Die Briten hatten 1985 erstmals die Abnahme der Ozonkonzentration über der Antarktis bemerkt. Die Ukrainer führen diese Langzeituntersuchungen weiter fort. Es zeigt sich, dass die Ozonkonzentration in der Zeit von Ende September bis November stark absinkt, in den übrigen Monaten dann wieder ansteigt, aber nicht mehr die Werte des Referenzjahres 1957/58 erreicht, dem ersten internationalen geophysikalischen Forschungsjahr in der Antarktis.

Trotz aller Technik, Logistik und Kommunikation bleibt Forschung in der Antarktis bis heute ein Abenteuer. Es gibt zwar auf jeder Station einen Arzt, wer jedoch schwer erkrankt, kann nicht sogleich ausgeflogen werden, besonders nicht im Winter. Das Wetter ist unberechenbar und setzt dem Menschen Grenzen. Die Naturgewalten sind nicht beherrschbar. Das macht aber auch den Reiz der Antarktis aus.

Orcadas' alter Stationsteil wurde schon 1903 vom Schotten William Bruce erbaut. Heute forschen hier auf Laurie, einer der Südorkneyinseln, Argentinier.

Die Drake-Passage bei aufkommendem Sturm: Ab Stärke 8 werden die Außendecks geschlossen.

KOTICK

Die 1500 Meter hohen Hausberge von Ushuaia dominieren Stadt und Hafen.

Drei Kreuzfahrer im Hafen von Ushuaia: »Hanseatic«, »Marco Polo« und die »World Discoverer«.

Der Hafen Ushuaias wird jedes Jahr geschäftiger. Aufgrund der steigenden Touristenzahlen gibt es immer mehr Angebote, um mit Ausflugsschiffen zu Pinguinen in den Beagle-Kanal aufzubrechen.

PREFECTURA

Der Lago Escondido im Feuerland-Nationalpark ist ein beliebtes Ausflugsziel.

Die Bewohner der Estancia Olga Teresa leben von Schafzucht und Tourismus.

Bei Punta Arenas gibt es große Estancias mit Viehzucht. Im Oktober treibt der Schäfer mit seinem Hund die Herde zur Schur zusammen. Schafscherer schaffen 150 bis 200 Schafe am Tag in mühsamer, kräftezehrender Arbeit.

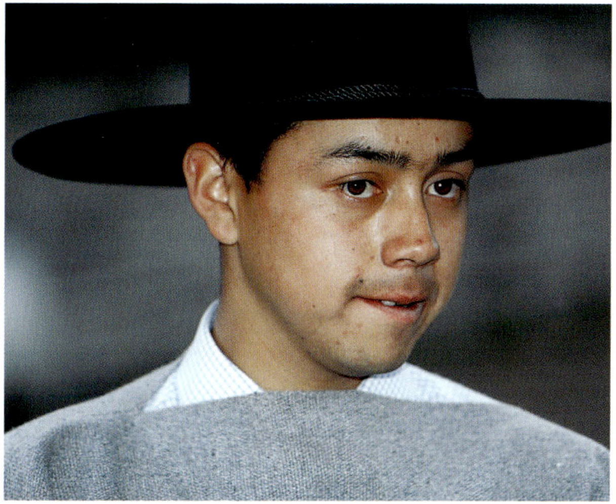

Oben links: Stolz präsentiert sich dieser junge Mann beim Nationalsport, dem Rodeo. Unten links: Die eindrucksvollen Sporen werden auch beim Tanzen nicht abgelegt. Oben und unten rechts: Besonders lecker schmeckt ein über offenem Feuer gegrilltes Asado vom Lamm.

Von der Darwinkordillere strömen Gletscher wie der Holanda in den Beagle-Kanal.

Vor der Gletscherwand erhalten die Antarktis-Neulinge einen Vortrag aus dem Stegreif.

Der Garibaldigletscher in Feuerland zeigt eine typische Mittelmoräne. Hier fließen zwei Gletscher zusammen. Das Seitenmoränenmaterial wird in der Mitte auf das Eis geschoben.

Der Beagle-Kanal – benannt nach dem Forschungsschiff »Beagle«, das 1830 erstmals den Kanal befuhr – ist noch sturmgeschützt.

Isla Picton am Ausgang des Beagle-Kanals, hier wachsen die letzten Bäume vor der Antarktis.

Kreuzen vor Kap Hoorn.

Der Blick auf Kap Hoorn (441 Meter), dem Wunsch- und Albtraum vieler Seefahrer.

Leuchtturm auf dem Gipfelplateau von Kap Hoorn.

Kap Hoorn – berühmt, berüchtigt, sturmumtost

Die Kapelle Stella Maris auf Kap Hoorn.

Das Denkmal der Cap-Hoorniers erinnert an die stählernen Männer auf ihren hölzernen Schiffen. Holzstege führen zum Albatrosdenkmal.

Kap Hoorn, d. h. die Isla Cabo de Hornos, wo sich Atlantik und Pazifik in einer stürmischen See treffen, übt seit jeher eine magische Anziehungskraft auf seine Besucher aus. Einmal auf Kap Hoorn sein – davon haben viele schon in der Jugend geträumt, wenn sie mit der Taschenlampe bewaffnet unter der Bettdecke Piratenabenteuer mit Francis Drake lasen.

1616 fanden die Niederländer Willem Schouten und Jacob Le Maire heraus, dass es sich eigentlich nicht um ein Kap, sondern um eine nur zwei mal sechs Kilometer große Insel handelt, die sie nach ihrer Heimatstadt Hoorn benannten. Das eigentliche Kap ragt als 441 Meter hoher Felsen heraus.

Ob man dort anlanden kann, entscheidet allein der Wind. Wegen seiner orkanartigen Stürme und dem gefährlichen Fahrwasser ist Kap Hoorn berüchtigt. Es ist schon ein Erlebnis, mit dem Schiff dort zu kreuzen, wenn einem bei Sturm die salzige Gischt ins Gesicht bläst. Eine Anlandung ist deshalb etwas Besonderes. Etwa 120 Stufen führen hinauf auf das Plateau. Holzstege schützen die reiche Vegetation aus Blumen, Moosen und Sträuchern. Es gibt eine kleine Station, denn seit 1843 ist die Insel chilenisches Territorium und die Chilenen dokumentieren so ihren Gebietsanspruch gegenüber Argentinien. Ein Sergeant lebt für jeweils ein Jahr hier mit seiner Familie. Er kontrolliert die Schiffsbewegungen per Funk und betreibt die Wetterstation. Touristen können Souvenirs kaufen oder sich den begehrten Kap-Hoorn-Stempel in den Pass drücken lassen. Neben der Station stehen die alte Kapelle Stella Maris und der Leuchtturm. Ein Gedenkstein erinnert an die vielen Cap-Hoorniers, stählerne Männer, die noch Anfang des 20. Jahrhunderts mit ihren hölzernen Segelschiffen Kap Hoorn umrundeten. Auf einer kleinen Anhöhe erhebt sich das eindrucksvolle Albatrosdenkmal. Es ist im Jahr 1992 in Gedenken an die 15 000 Seeleute, die hier in der See ihr nasses Grab fanden, errichtet worden.

AU NOM DE
L AMICALE INTERNATIONALE
DES CAPITAINES AU LONG COURS
"CAP-HORNIERS
EN SOUVENIR DE TOUS
NOS PASSAGES DE CE CAP
CAP HORN, NOVEMBRE 1989

Der Kapitän studiert den Wetterbericht, frisch aus der Funkbude von Kap Hoorn.

Auf dem Kap befinden sich lediglich eine Funkstation, ein bescheidenes Wohnhaus, der Leuchtturm und die Kapelle.

WELCOME CAPE HORN

Kolonie von Magellanpinguinen mit typischen Nesthöhlen. Sie sind noch auf Feuerland und den Falklands verbreitet, kommen aber nicht mehr in der Antarktis vor.

Magellanpinguine sind am Rand der Kolonie von Isla Magdalena (Magellanstraße) durchaus gesellig. Am Nest dagegen sind sie die reinsten Streithammel.

Links: Das laute Schreien des Magellanpinguins bedeutet vermutlich »Achtung, hier ist mein Nest!«.
Oben und unten rechts: Südamerikanische Mähnenrobbe: Dieser Bulle hat nicht mehr die besten Zähne.

Im Gegensatz zu den schwerfälligen, mächtigen Robben-»Paschas« sind die Weibchen zart gebaut, wendig und agil.

Das Schiff gleited ruhig durch den mondbeschienenen Beagle-Kanal. Danach beginnt der heiße Ritt auf der Drake-Passage.

In den chilenischen Fjorden folgt ein westliches Tiefdruckgebiet dem anderen. Dazwischen verzaubern kurze Sonnenmomente die Landschaft.

Felsenscharben am Nest in einer Felswand des feuerländischen Inselarchipels. Ihr Kot wird steinhart und vergrößert wie ein Balkon die Nestplattform.

Zwergpinguine – Little Blue Penguins – heißen diese nachtaktiven Zwerge, die nur auf Neuseelands südlicher Inselwelt und in Südaustralien vorkommen.

Hookers' Sealion – diese aggressive Robbenart ist auf den vorgelagerten subantarktischen Inseln Neuseelands verbreitet. Die Männchen besetzen im Frühjahr ein Territorium auf dem Strand und warten auf die Weibchen.

Der Gelbaugenpinguin, eine neuseeländische Spezies, brütet in lockeren Kolonien.

Eine Fahrt durch dünnes, sommerliches Meereis ist für den russischen Eisbrecher eine Kleinigkeit.

Auf dem weiten Weg von Neuseeland in die Ostantarktis ist der große Eisbrecher hilfreich.

Krill als Lebenselixier

Krill leitet sich aus dem Norwegischen ab und bedeutet »alles, was der Wal frisst«.

Krill ist ein Sammelbegriff für viele kleine Krebstiere. Am bekanntesten ist *Euphausia superba*, eine Leuchtgarnele. Sie wird bis sechs Zentimeter lang, lebt in Schwärmen und filtriert kleine Algen. In der Antarktis spielt der Krill eine zentrale Rolle in der kurzen Nahrungskette. Pinguine ernähren sich überwiegend von Krill, daher sind ihre Kolonien von rosa Schalenresten ihrer Mahlzeiten überzogen. Adeliepinguine fressen 800 Leuchtgarnelen am Tag. Während der Brutzeit kehren die Pinguine mit dicken Bäuchen zu ihren Küken zurück. Beim Füttern würgen sie die Krillpakete hoch, die die Kleinen gierig hinunterschlucken.

Die großen Bartenwale sind ebenfalls Krillvertilger. Sie schwimmen mit offenem Maul durch das Wasser und nehmen Unmengen von »Krillsuppe« auf. Der Blauwal, mit bis zu

150 Tonnen Gewicht und 30 Metern Länge das größte Säugetier der Erde, verschlingt täglich viereinhalb bis sechs Tonnen von diesem Plankton. Das sind drei Millionen Krillkrebschen am Tag. Krabbenfresserrobben sind zu 94 Prozent vom Krill abhängig. Sie haben sich in den letzten Jahrzehnten vermehrt, vermutlich weil ihre Nahrungskonkurrenten, die Bartenwale, nach dem Walfang im Südpolarmeer (1920 bis 1965) stark dezimiert worden sind. Die räuberischen Orcas und Seeleoparden fressen erwachsene Pinguine; Skuas, Riesensturmvögel und Dominikanermöwen die Pinguinküken. Diese Beutegreifer ernähren sich daher indirekt über die Pinguine von Krill. Das Tierparadies der Antarktis hängt also direkt oder indirekt vollkommen von diesen kleinen Krebstieren ab.

In den Siebziger- und Achtzigerjahren des 20. Jahrhunderts glaubte man noch, das Welternährungsproblem mit dem eiweißreichen Krill lösen zu können. Von dieser These ist man mittlerweile jedoch gänzlich abgerückt. Es stellte sich heraus, dass Krill nicht nur – selbst tiefgefroren – schlecht haltbar ist, sondern für den Menschen sogar giftig ist. Jedes Tier enthält nämlich zwei Milligramm toxisches Fluorid. Pinguine, Robben und Wale haben dagegen einen speziellen Entgiftungsmechanismus entwickelt.

Ein Zügelpinguin füttert sein Junges mit vorverdautem Krill.

Port Stanley, die Hauptstadt der Falklandinseln, präsentiert sich im viktorianischen Stil.

Port Stanley: Der englische Stechginster wächst auch hier wie Unkraut.

Gypsy Cove erinnert an die Karibik – weißer Sandstrand, nur die Palmen fehlen.

Die Falklandinseln sind am besten mit dem Schiff zu bereisen, da es an Land nur wenige und schlecht befahrbare Landroverpisten gibt.

Auf den Falklandinseln muss mit Zodiacs ausgebootet werden, das verspricht ein nasses Anlanden an den Stränden.

Oben links: Ein Pärchen Magellangänse im Brutkleid.
Unten links: Die Skua ist in vielen Pinguinkolonien anzutreffen.
Rechts: Die Blauaugenscharbe, eine Kormoranspezies, putzt ihr Gefieder.

Eselspinguine wandern durch die grasbewachsenen Dünen zur Brutkolonie. Ihr eigentümlicher Watschelgang ist energetisch sehr effizient.

Königspinguine auf Volunteer Point, der größten Kolonie auf den Falklandinseln.

Königspinguine bauen keine Nester. Die kleinen Jungen sind erst wenige Wochen alt und müssen tapfer den harten Winter überstehen, ehe sie mit 13 Monaten selbstständig sind.

Nach dem Fischfang hält man ein Schwätzchen am Strand, bevor es zu den immer hungrigen Jungen geht.

Es ist früher Morgen. Das Schlauchboot bringt die Reisenden vom schwimmenden Hotel an Land zum Volunteer Point auf den Falklandinseln.

Südliche Glattwale begleiten das Schiff bis in die Subantarktis. Hier zeigt eines dieser mächtigen Säugetiere seine riesige Fluke. Beim Schwimmen erzeugen Wale ihren Vortrieb ausschließlich mit der Schwanzflosse. Die Brustflossen spielen dafür keine Rolle.

Nest mit Aussicht: Ein brütender Schwarzbrauen-Albatros döst gelangweilt hoch über dem Meer.

Die Nachbarin hat schon
ein Junges in Pflege.
Es wird liebevoll geputzt.

Die Schwarzbrauen-
Albatrosse putzen sich
gegenseitig hingebungsvoll
an den Stellen, die sie
selbst mit dem Schnabel
nicht erreichen können.

Gemischte Kolonie auf New Island mit Felsenpinguinen sowie Blauaugenscharben und Schwarzbrauen-Albatrossen im Hintergrund.

Der Besitzer der Insel, Ian Strange, führt Besucher an den Kolonieteil mit Schwarzbrauen-Albatrossen heran. Das Wetter wechselt minütlich.

Links: Felsenpinguine zählen zu den Schopfpinguinen und sind sehr aggressiv. Rechts: Gegner werden angegriffen und mit den scharfen Flügelkanten geschlagen.

Außerhalb der Kolonie sind Felsenpinguine friedlich. Sie sind Kletterkünstler und können bis 30 Zentimeter hoch aus dem Stand springen.

Entspannende Achterdeckrunde bei ruhiger See vor Südgeorgien.

Relikte der Walfangzeit auf Südgeorgien: Die norwegischen Walfänger arbeiteten in Grytviken von Oktober bis März zwölf Stunden täglich.

Jeder Trankocher fasste 24 Tonnen Walspeck, den so genannten Blubber. In den Tanks wurde das Öl bis zur Verschiffung zwischengelagert. Die Profite waren so hoch, dass den Aktionären 50 Prozent Dividende gezahlt werden konnten.

1992 entstand das South Georgia Museum in Grytviken, in dem man die Geschichte des Walfangs noch heute nacherleben kann.

Mit dieser martialischen Motorsäge zerlegte man die 10 bis 30 Meter langen Wale in kleinere Stücke.

Die Malerin hält die Natur Südgeorgiens oberhalb Grytvikens in ihrem Aquarell fest.

Die Kirche Grytvikens ist eine der südlichsten der Welt. 13 Geburten wurden hier registriert. Heute feiern manche Kreuzfahrer bei Kerzenlicht Weihnachten – ein anrührendes Fest in solch außergewöhnlicher Umgebung.

Zügelpinguine nutzen ein Schmelzwasserbett, um zu ihrer Kolonie bei Gold Harbour (Südgeorgien) zu gelangen.

Auf Südgeorgien stehen die antarktischen Zügelpinguine und die subantarktischen Königspinguine zusammen am Strand.

Strandleben in Gold Harbour: Königspinguine mit großem Jungen und ein Seeelefantenbulle.

Im Kindergarten warten die 9- bis 13-monatigen Königspinguine auf ihre Eltern.

Shackletons unglaubliche Reise

Ernest Shackleton sammelte immer wieder Gelder, um eine Expedition in die Antarktis auszurüsten.

Auf Grytviken (Südgeorgien) besuchen die Kreuzfahrer das Grab von Sir Ernest Shackleton. Ihm zu Ehren wird hier mit einem Glas Champagner angestoßen.

Die »Endurance« liegt fest im Griff des Packeises, ein Spielball der Natur. Am 27. Oktober 1915 sinkt sie. Da stehen die Männer Ernest Shackletons (1874–1922) auf dem Eis, unter ihnen das Weddellmeer, kein Schiff, kein Funk, keine Hilfe. Sie können nur die Beiboote, Zelte, Nahrung, das Nötigste retten. Auf der Transantarktischen Expedition (1914–1916) wollte Shackleton mit dem Schiff bis zum Filchner-Schelfeis fahren und dann zu Fuß die antarktische Eiswüste durchqueren. Doch die Reise ins Ungewisse scheitert schon zu Beginn. Shackletons Ziel ist nur noch, alle Männer heil nach Hause zu bringen. Mit einem ausgefeilten Arbeitsplan hält er sie auf Trab und die Moral aufrecht. Auf einer Eisscholle errichten sie das Ocean Camp. Im April, nach fünf Monaten völliger Abhängigkeit von

Wind- und Strömungsverhältnissen, sehen sie in der Ferne Elephant Island. Sie drohen in die offene Drake-Straße nach Osten getrieben zu werden, daher steigen sie in ihre winzigen Boote. Bitterste Kälte und Wind kühlen sie aus. Hoher Wellengang und starke Brandung fordern ihre letzten Kräfte. Aber sie erreichen das unwirtliche Eiland. Gerettet sind sie noch lange nicht. 22 Männer harren hier aus, ohne ausreichende Kleidung, Nahrung, Unterkünfte, nur zwei umgekippte Boote, in Ungewissheit, wann und ob überhaupt Hilfe kommen wird. Shackleton fährt mit fünf Begleitern auf der nur sieben Meter kleinen »James Caird« auf stürmischer See 1300 Kilometer nach Südgeorgien, einer Stecknadel im Ozean. Frank Worsley, der Navigator, vollbrachte diese Meisterleistung. Gerade viermal kam die Sonne kurz heraus und erlaubte eine Positionsbestimmung mithilfe des Sextanten.

Unter Aufbietung ihrer letzten Kräfte klettern die Männer 36 Stunden über Gebirge und Gletscher, um in Stromness die Rettung zu organisieren. Drei weitere Monate vergehen, bis die »Yelcho« unter dem chilenischen Kapitän Luis Pardo alle Schiffbrüchigen auf Elephant Island wieder aufnimmt in die Welt.

ERNEST HENRY
SHACKLETON
EXPLORER
Born
15th Feb. 1874
Entered Life Eternal

Ein Königspinguin (links) wärmt in seiner Bauchfalte das auf den Füßen liegende Ei. Vor dem Eiwechsel kommt es in den dicht gedrängten Kolonien immer wieder zu Streit mit den Nachbarn.

Beim Eiwechsel muss sich das Paar konzentrieren, damit das wertvolle Ei nicht wegrollt und zerbricht.

Links: Dieser Pinguin hat eine schwere Verletzung an der Brust, vielleicht von einem Seeleoparden oder Orca.
Rechts: Wer hält den Schnabel höher? – Manchmal wollen auch Pinguine dem Nachbarn das Weibchen abspenstig machen.

Die Farbigkeit der Königspinguine fällt vor allem bei bedecktem Himmel auf.

Die Kolonie der Königspinguine von Gold Harbour erstreckt sich vom Strand über das Tussock-Gras bis hinauf zum Schnee.

Eine von 1000 Pelzrobben hat zu wenig Melanin-Farbstoff und wirkt daher ganz hell.

Die Robbenweibchen sind viel kleiner als die Bullen. Sie lieben es, auf »Bülten« genannten Grasflecken zu sitzen.

Der »Strandmeister« ist eine imposante Erscheinung. Er ist gegenüber jedem Eindringling in sein Territorium sehr aggressiv, Vorsicht ist daher geboten.

Schlafender Seeelefantenbulle mit dem charakteristischen Nasenrüssel. Etwas phlegmatisch wirkend, ruht er ganz in seiner imposanten und muskulösen Körperfülle.

Auch die Jungen üben schon mal das Imponiergehabe. Wehe, das Baby wird dabei überrollt.

Seeelefanten erwachen aus ihrem Phlegma, wenn ein Gegner auftaucht. Sie schlagen ihre massigen Körper auf Höhe der Hälse zusammen und schrecken nicht davor zurück, ihre Eckzähne einzusetzen, um den Gegner zu verletzen.

Prion Island, das Paradies der Wanderalbatrosse mit ihren imponierenden 3,6 Metern Spannweite.

Mit etwa 13 Monaten ist der junge Wanderalbatros bald zum Ausfliegen bereit.

Altvogel auf dem Nest. Mit 12 bis 16 Kilogramm zählt der Wanderalbatros zu den schwersten Vögeln, die noch fliegen können.

Die riesige Königspinguin-Kolonie auf der Salisbury Plain (Südgeorgien). Hier können 100 000 Pinguine stehen.

Zwischen der Kolonie und dem Meer herrscht ein ewiges Kommen und Gehen. Die Küken haben immer Hunger.

Pinguine spazieren um eine still sitzende Touristin herum und beäugen sie schon mal neugierig.

Unter Wasser ist dieser Eisberg enorm, über Wasser ist schon ein großes Stück Eis herausgebrochen.

»Wahrschau«, seemännisch für »Vorsicht« – Eisberge voraus, aber der Kapitän hat gute Sicht und zusätzlich das Radar.

Die argentinische Station Orcadas kann auf Laurie, einer der vier Südorkneyinseln, besucht werden.

Typisch ist für viele Stationen die Stelzenbauweise. Ohne diese Substruktionen würden die Unterkünfte im Permafrostboden versinken.

Ein Gletscher auf der Insel Laurie (Südorkney) spuckt Eisstücke ins Meer. Der Wind türmt sie in der Bucht auf.

Cape Wild auf Elephant Island bot den Männern der Shackleton-Expedition einen sehr ungemütlichen Aufenthalt.

Die polnische Station Arctowski auf King George Island. Auf dieser Insel der Südshetlands befinden sich die meisten Stationen in der Antarktis. Die Walfänger hinterließen viele Walskelette. Am Uferfelsen erhebt sich ein kleiner Leuchtturm, in einer Felsnische steht eine Madonnenfigur.

Die primitiv anmutenden Wohncontainer sind innen gemütlich holzgetäfelt.

An geschützten Stellen finden sich die letzten dicken Moospolster. Weiter im Süden gibt es nur noch dünne Algendecken und einige Flechten.

Auf Penguin Island (Südshetland) blickt man in einen 300 Jahre alten Vulkankrater. Der Schlot des Deacon Peak erhebt sich auf 170 Meter.

Einst lebten Ammoniten und Saurier in der Antarktis

Dieser Riesenammonit im Paläontologischen Museum von Trelew/Patagonien hat einen Durchmesser von 1,7 Metern und ist damit so groß wie die Autorin.

Fossilientisch auf Livingston Island mit dem Abdruck eines großen Blattes.

Antarktika lag in der 4,6 Milliarden alten Erdgeschichte nicht immer als Eiswüste am Südpol. Seitdem sich das dynamische Erdmodell des deutschen Geophysikers Alfred Wegener (1880–1930) durchgesetzt hat, lehrt uns die moderne Geologie, dass sich die Lage und Zusammensetzung der Kontinente und Ozeane stetig ändert. Vor 250 Millionen Jahren gruppierten sich alle Kontinentalplatten nahe dem Äquator zum Superkontinent Pangaea. Damals hing Antarktika mit Südamerika, Afrika und Australien als Gondwanaland zusammen. Antarktika hatte ein feuchtes, tropisches Klima und war dicht bewaldet. Es gab eine viel artenreichere Pflanzen- und Tierwelt als heute, die sich über die zusammenhängenden Kontinente ausbreiten konnte. Zeugen dieser Vorzeit sind Fossilien. Auf Seymour im Osten der Antarktischen Halbinsel entdeckte man bislang über 800 Fossilien: Korallen, Seesterne, Ammoniten, eine Seeschildkröte, die so groß wie ein kleines Auto war. Schon Otto Nordenskjöld stieß 1902 auf den Knochen eines zwei Meter großen Riesenpinguins. 1974 wurden hier erstmals Reste fossiler Landsäuger gefunden: der Zahn des primitiven Beuteltiers Polydolops. Nicht weit entfernt grub man auf James Ross und Vega Island Knochen von 65 bis 70 Millionen Jahre alten Dinosauriern aus. 1998 fand man sogar den Zahn eines Hadrosauriers, der auch aus Nord- und Südamerika wie aus Eurasien bekannt ist. Tausende Kilometer entfernt lebten einst im Transantarktischen Gebirge und in den Trockentälern große Insekten, Riesenamphibien und Saurier.

Mit dem Zerfall Gondwanas driftete Antarktika nach Süden ab. Zunächst konnten die Tiere im Winter noch nach Norden wandern. Vor 60 bis 40 Millionen Jahren zerbrach die Verbindung mit Australien, vor 20 Millionen Jahren löste sich mit der Öffnung der Drake-Straße Antarktika von Südamerika. Die isolierte Lage und die wechselnde Eisbedeckung ließen in der Folge alle Landsäuger und Wärme liebenden Tiere aussterben.

2

Der Seeleopard ist im Wasser der Feind Nummer eins der Pinguine. Hier liegt er faul und satt vor der Eselspinguin-Kolonie von Yankee Harbour (Südshetland).

Krabbenfresserrobbe auf Yankee Harbour. Mit ihrem silbergrauen Fell ist sie auf dem Eis gut getarnt.

Das Schiff liegt vor Turret Point. Aus Sicherheitsgründen kann heute nicht angelandet werden: Der Wind treibt Eis in die Bucht dieser Südshetland-Insel.

Strand von Penguin Island mit Blick auf den King-George-Gletscher.

Am Strand brüten die Skuas im Schotter. Ihre Jungen sind Nestflüchter und verstecken sich nach dem Schlüpfen.

Ein Eselspinguin putzt sein Junges liebevoll nach dem Füttern. Der Boden der Insel Aitcho ist weiträumig von einem dünnen Algenteppich bedeckt.

Bei Hannah Point auf Livingston (Südshetland) ist das Eis gestrandet – eine sichere Anlandung ist möglich.

DRAKE

Die Eselspinguine auf Livingston nahe Hannah Point brüten in kleinen Gruppen immer auf den höchsten Stellen. Denn diese sind zuerst schneefrei.

Blick auf einen kleinen Teil des riesigen Koloniekonglomerats von Baily Head/Deception. Die Straße der Zügelpinguine reicht bis zum Meer.

Ein Unwetter zieht am Strand von Baily Head (Südshetland) auf. Hier leben Tausende von Zügelpinguinen.

In der geschützten Caldera von Deception (Südshetland) liegen verschiedene Stationen.

Von Baily Head aus ins Inland von Deception: Die Zügelpinguin-Kolonie erstreckt sich über Kilometer. Auch hier werden die Kuppen zuerst besiedelt. Warmer Dampf steigt aus dem Lavaboden auf.

Ein heißes Bad in der Caldera von Deception, für viele Reisende ein Traum.

Damit der Traum vom warmen Bad wahr werden kann, gräbt das Expeditionsteam ein paar »Badewannen« an den wärmsten Stellen.

Erstmals flog am 20.12.1928 der Australier Hubert Wilkins mit einem Eindecker in elf Stunden von Deception bis zur Antarktischen Halbinsel und zurück. Dieses Flugzeug hier ist nie geflogen, da der Motor auf dem Transport verloren ging.

Der alte Küchenherd hat in Hectors' Station die stärksten Stürme überstanden.

Auf Deception (Südshetland) fließt Schmelzwasser vom Gletscher ab. Das Bachbett ist eine geologische Fundgrube.

Mineralien möchten »gelesen« werden. Oben: Was in der Lava aussieht wie ein riesiger Goldklumpen, ist Schwefelkies. – Unten: Ziegelrot wird diese eisenhaltige Vulkanschlacke genannt. Sie sieht aus wie zermahlene Tongefäße.

Die Hector´s Walfangstation ist umgeben von Gletschern und Lava.

Bei der Telephon Bay auf Deception fanden 1967 und 1969 äußerst starke Eruptionen statt. Der Lavaboden ist bislang nur von kleinen Moospolstern und Flechten besiedelt.

Das Nest des Eselspinguins auf Yankee Harbour hat einen deutlich sichtbaren Steinrand.

Eselspinguine. – Links: Dieses dreiwöchige Küken ist satt, trocken und sauber. Rechts: Die ganz jungen Küken haben noch den Eizahn, der später abfällt, auf ihrem Schnabel.

Dösender Adeliepinguin auf Paulet. Mit ihrer zwei Zentimeter dicken Fettschicht sind sie von allen Pinguinen am weitesten im Süden verbreitet.

Familienleben der Adeliepinguine auf Petermann Island: Die Eltern wechseln sich am Nest mit zwei Jungen ab.

Pinguine – die Stars im Jahreszyklus

Der kleine Felsenpinguin ist hauptsächlich in der Subantarktis verbreitet.

Alle existierenden 17 Pinguinarten kommen nur auf der Südhalbkugel vor. Der 30 Kilogramm schwere und mit einem Meter größte Kaiserpinguin brütet ausschließlich auf dem antarktischen Eis. Der bis zwei Kilogramm leichte und 35 Zentimeter kleine Zwergpinguin ist sein Gegenstück. Er ist in Neuseeland und Australien heimisch. Der Galapagospinguin ist die nördlichste Art, die nur wegen des kalten Humboldtstroms mitten in den Tropen leben kann.

Pinguine zählen zu den Seevögeln, haben sich aber im Laufe der Evolution so hoch spezialisiert, dass sie ihre Flugfähigkeit verloren haben. Moderne genetische Untersuchungen ergaben, dass ihre nächsten Verwandten erstaunlicherweise die Röhrennasen sind. Also ausgerechnet die sehr elegant segelnden Albatrosse sind mit den eher plumpen, flugunfähigen Pinguinen nahe verwandt. Aber Pinguine können mit ihren Flügeln unter Wasser »fliegen«, so gut wie Albatrosse in der Luft. Man nennt sie daher Flügeltaucher. Adeliepinguine tauchen durchschnittlich 240 Meter, Kaiserpinguine sogar bis 500 Meter tief.

Pinguine sind sehr gut an ihren Lebensraum angepasst. Ihr stromlinienförmiger Körper ermöglicht es ihnen, extrem wenig Energie für das Schwimmen aufzuwenden. Die Flügel sind perfekt zum Tauchen umgebildet, denn die steifen, schmalen Flügel sind den Brustflossen von Delfinen ähnlich. Die antarktischen Pinguine haben ein sehr dichtes Federkleid und eine ein bis zwei Zentimeter dicke, isolierende Speckschicht unter der Haut. Ihre Deckfedern stehen dicht nebeneinander, sind kurz, vollkommen wasserabweisend, überlappen sich dachziegelartig und sehen wie Schuppen aus. Pinguine haben also einen richtigen »Thermoanzug«. Die Isolierung ist so perfekt, dass sogar Schneeflocken auf einem brütenden Pinguin nicht schmelzen.

Die antarktischen Pinguine leben die meiste Zeit des Jahres im Südpolarmeer, ihrem Nahrungsgebiet. Zum Brüten müssen sie bis auf den Kaiserpinguin an die wenigen eisfreien Stellen an Land. Dort brüten

Links: Auf Penguin Island bettelt das Küken des Eselspinguins nach Futter. Rechts: Goldschopfpinguin mit seinem Jungen auf Hannah Point.

Links: Adeliepinguin mit zwei Jungen auf Petermann. Die schlafenden Jungen werden noch teilweise vor dem Wind geschützt.
Rechts: Zügelpinguin mit aktivem Küken auf Cuverville Island.

sie dicht gedrängt in großen Kolonien. Zu Beginn der Brutzeit ist die »Pinguinstadt« wohlgeordnet und die einzelnen Nester sind gut zu unterscheiden. Sie liegen in Schnabel-Hackweite voneinander entfernt. Sobald die Küken nicht mehr auf dem Nest gewärmt, man sagt gehudert, werden müssen, sammeln sie sich im Alter von 20 Tagen im Kindergarten. Die Ordnung der Kolonie lockert sich. Die einzelnen Nester sind kaum noch zu erkennen. Am Ende der Brutzeit mausern die Jungen ihr Jugendgefieder. Mit dem wasserabweisenden Federkleid der Erwachsenen können sie ihren Eltern ins Meer folgen. Die Eltern kehren nach der anstrengenden Brutzeit und wenn sie ihre Energiereserven wieder aufgefüllt haben nochmals für 30 Tage in die Kolonien zurück, um zu mausern. In dieser Zeit sehen sie zerzaust aus, ihre Flügel sind dick geschwollen. Während der Mauser ist ihr Federkleid nicht ausreichend isoliert und wasserabweisend, sodass sie nicht schwimmen können. Sie müssen also fasten. Da der tägliche Energieverbrauch während der Mauser wegen der Federneubildung doppelt so hoch ist wie zur Brutzeit, stehen die Tiere meist ganz still, um möglichst wenig Energie zu verbrauchen.

Königspinguin auf Südgeorgien/Gold Harbour: Die Tiere werden bis zu 20 Jahre alt.

Den Winter verbringen die antarktischen Pinguine an der Meereisgrenze. Erst im nächsten Frühjahr schwimmen sie wieder nach Süden. Die Männchen besetzen die Brutplätze, an denen der Schnee schon geschmolzen ist, und warten auf die Weibchen, die etwas später eintreffen. Vaterschaftstests zeigen, dass Pinguine nicht so treu sind, wie man früher glaubte. So manches Weibchen jubelt ihrem Männchen ein fremdes Küken unter. Wissenschaftler konnten beobachten, wie Adeliepinguin-Weibchen zielgerichtet fremdgingen. Die Weibchen wanderten zu einem unverpaarten Männchen mit Nest. Nach kurzer Werbung boten sie sich zur Begattung an. Danach nahmen sie ein Steinchen als Geschenk zu ihrem Nest mit. In fünf von zehn Fällen kamen sie nochmals zurück und holten sich ein weiteres Steinchen, diesmal ohne Kopulation.

Adeliepinguine laufen durch den Schnee oder fahren hangabwärts auf dem eigenen Bauch Schlitten, angetrieben von ihren Füßen.

Adeliepinguine gehen in Gruppen ins Wasser, um Seeleoparden zu verwirren. Die Menge an abtauchenden Pinguinen lässt den Räuber im entscheidenden Moment zögern.

Die Europäische Küstensee-
schwalbe überwintert im
Südsommer der Antarktis.
Jedes Jahr fliegt sie bis zu
40 000 Kilometer hin und
zurück.

Der Südliche Riesensturmvogel begleitet oft Schiffe. Die Schraube wirbelt Nahrung an die Meeresoberfläche, von der viele Vögel profitieren.

Oben links: Der Riesensturmvogel ist ein eleganter Flieger.
Unten links: Riesensturmvogel beim Brüten auf den Falklandinseln. In der Antarktis hält man 50 Meter Abstand zu ihren Nestern.
Rechts: Der Weißgesicht-Scheidenschnabel ist ein Nahrungsschmarotzer.

Links: Goldschopfpinguin.
Rechts: Goldschopfpinguine am Strand von Cooper Bay.

Zwei Junge der Zügelpinguine drängen sich an den wärmenden Elternvogel. Weibliche Pinguine brüten erstmals mit vier bis fünf Jahren, Männchen mit sechs bis sieben Jahren.

Der Zügelpinguin heißt im Englischen ganz bezeichnenderweise Chinstrap, was Kehlstreif bedeutet.

Weddellrobben sind Meistertaucher. Sie tauchen über 900 Meter tief und können mehr als eine Stunde unter Wasser bleiben, bevor sie sich ausruhen müssen.

Die Krabbenfresserrobbe, ist an der spitzen Schnauze zu erkennen.

Orcas oder Schwertwale, benannt nach der dreieckigen, spitzen Rückenfinne, die beim Männchen 2 Meter hoch werden kann, bilden Schulen. Diese Zahnwale jagen auch Pinguine.

Die Finne des Buckelwals ist in ihrer Form variabel und sitzt auf einem Polster aus Blubber. Nur wenn man viel Glück hat, taucht der Wal direkt vor dem Zodiac auf.

Landschaft vor der Insel Cuverville. In der Bucht liegen gestrandete Eisberge.

Obwohl an dieser Stelle der Antarktischen Halbinsel der Polarkreis nach Süden hin noch gar nicht überschritten ist, versinkt die Landschaft schon in Eis und Schnee.

Abendstimmung bei Cuverville nach der Anlandung.

Kap Renard am Eingang zum Lemaire-Kanal.

Da die Luft im Antarctic Sound sehr sauber und trocken ist, gibt es auch hier – wie häufig in der Antarktis – fast kein Abendrot.

Petermann Island mit der Groussac-Hütte und Blick auf das antarktische Festland.

Die Una's Tits ganz links im Bild bilden das Wahrzeichen des Lemaire-Kanals.

Die Stimmungen bei Una's Tits sind ganz unterschiedlich. Die Berge sind manchmal nebelverhangen, manchmal strahlend oder auch frisch verschneit.

Auch das ist der Lemaire-Kanal. In manchen Jahren verhindert sommerliches Meereis die Weiterfahrt.

Wohl dem, der jetzt einen Eisbrecher hat. Nur damit könnte man Peterman Island noch erreichen.

Sonnenlicht reflektiert den Schnee auf dem Eis komplett und das Eis wirkt dadurch weiß. Taut es in der Mittagssonne an, ändert sich die Lichtreflexion und damit die Farbe. Bei älterem Eis mit weniger Sauerstoff erhöht sich der Blauanteil im Farbspektrum.

»Junges« Eis mit mehr Sauerstoff erscheint heller.

Die restaurierte englische Station von Port Lockroy mal im Sonnenschein …

… mal im sommerlichen Schneeschauer. Die Eselspinguine haben hier trotz der vielen Touristen die höchsten Bruterfolge der gesamten Antarktischen Halbinsel.

Port Lockroy wurde 1944 als Militärbasis gegründet, ab 1948 diente die Station der Forschung. Im Museum sieht man noch den historischen Funkraum und die Wetterstation.

Heute kann man Souvenirs kaufen, seinen Pass mit dem begehrten Stempel versehen lassen und Post aus der Antarktis verschicken.

CALENDAR
PORT LOCKROY
POST
ONLY $10
POLAR TIMES
$2
OR FREE WITH CALENDAR

Die argentinische Station Almirante Brown ist heute aus Geldmangel meist geschlossen.

Ein Traum – Zodiactour durch die Paradiesbucht bei Sonnenschein. Hier hört man das Eis knistern.

Produktive Gletscher schicken ihre eisige Fracht ins Meer.

Aus der Perspektive des Bootes: die mit Eisbergen übersäte Paradiesbucht.

Ein respektvoller Abstand ist geraten, denn auch kleinere Eisberge drehen sich unvermutet. Die anschließende starke Wellenbewegung kann Personen aus dem Boot kippen.

Peterman Island liegt südlich des Lemaire-Kanals am Penolakanal und besteht aus Granitgestein.

Wale – die sanften Riesen

Südliche Glattwale lassen sich in der Subantarktis gut beobachten. Charakteristisch sind hornige Hautwucherungen mit Seepocken am Kopf.

Ihre eindrucksvolle Fluke zeigen sie kurz vor dem Abtauchen. Rechts noch der Kopf eines zweiten, kleineren Wals.

»Wale, Wale, Wale«, ertönt es von der Brücke. Alles sprintet mit wehenden Jacken, Foto- und Filmkameras an Deck. »Da bläst er!«, ruft einer und weist die Richtung. Zwei gewaltige Körper durchpflügen die Wellen. Wale sind Säugetiere und müssen an die Wasseroberfläche, um Luft zu holen. Die verbrauchte Luft wird explosionsartig herausgespritzt. Neugierig kommen die faszinierenden Tiere näher. Der Kapitän lässt die Maschinen drosseln. Jetzt wird ihr lautes schnaufendes Atmen hörbar. Je nach Windrichtung ist ihre stark nach Fisch und Krill stinkende Atemluft zu riechen. Beim Abtauchen zeigen die Wale elegant ihre gewaltigen Fluken, von denen Wassertropfen langsam herabperlen. In der Antarktis sieht man am besten Orcas, Buckel- und Minkwale

und um die Falklandinseln auch die Glattwale. Im 20. Jahrhundert expandierte der Walfang im Südpolarmeer, nachdem die Bestände im Nordpolarmeer schon dezimiert waren. Anfangs entstanden Walfangstationen an Land, technische Innovationen ermöglichten jedoch schon bald schwimmende Trankochereien. Zwischen 1925 und 1965 wurden Hunderttausende Wale getötet, um für die wachsende Bevölkerung in Europa genug Margarine zu produzieren. Dank der Erfindung des deutschen Chemikers Wilhelm Normann (1901) konnten tierische Öle in feste Fette umgewandelt werden. Die Norweger galten bis zum Zweiten Weltkrieg als größte Walfangnation. 1930 verdienten sie 70 Millionen Dollar mit Walöl. Andere Nationen wollten nun auch an dem gewinnträchtigen Geschäft partizipieren. Ab 1964 gab es daher kaum noch Wale. Seit 1986 gilt ein globales kommerzielles Fangverbot. In den letzten Jahren wird es jedoch immer mehr aufgeweicht. Die Norweger bieten auf allen Fischmärkten Steaks vom Minkwal an. Mit politischem Druck und Geld fordern auch die Japaner eine Aufhebung des Fangverbots, denn Walfleisch gilt bei ihnen als Delikatesse. Wale bewegen sich so heute im Spannungsfeld zwischen Schutz, Whale-Watching und Fang.

Abends in der Hope Bay an der Spitze der Antarktischen Halbinsel.

In der Hope Bay liegt die argentinische Forschungsstation Esperanza, die rote Hütte mit ihrem charakteristischen Schild empfängt uns am Anleger.

Adeliepinguine an der Hope Bay. Nur während der Brutzeit sind die Pinguine an Land.

Alle drei Hütten der Nordenskjöld-Expedition sind zu besichtigen. Hier die Hütte der Wissenschaftler auf Snow Hill Island.

Frühe Polarforscher mussten in erster Linie ihr Überleben sichern. Der Komfort begann erst mit den regelmäßigen Überwinterungen ab dem geophysikalischen Jahr 1957/58, dem ersten weltweit koordinierten Programm zur Erforschung der Erde.

Die Nordenskjöld-Expedition: ein glückliches Wiedersehen

Die Hütte Nordenskjölds auf Snow Hill Island ist mit ihren durch Dachpappen bewehrten Holzwänden funktionell errichtet.

Der schwedische Geologe Otto Nordenskjöld (1869–1928) ließ sich mit fünf Wissenschaftlern im Februar 1902 auf Snow Hill Island absetzen, um Studien durchzuführen und Fossilien zu sammeln. Die Mannschaft fuhr währenddessen auf der »Antarctic« zu den Falklandinseln, um dort zu überwintern. Im Dezember 1902 wollte sie durch den später nach ihrem Schiff benannten Antarctic Sound wieder nach Snow Hill fahren. Da jedoch Packeis den Sund blockierte, entschied Kapitän Larsen, drei Männer in der Hope Bay, wo heute die argentinische Station Esperanza steht, an Land zu setzen. Diese versuchten auf dem Landweg nach Snow Hill zu wandern. Als sie auf offenes Wasser stießen, kehrten sie zurück und warteten auf das Schiff, das niemals wiederkommen sollte. Daher bauten sie sich im Februar 1903 eine Überwinterungshütte, in der sie bis Ende September ausharren mussten. Sie wussten noch nicht, dass die »Antarctic« bereits im Januar 1903 im Packeis gefangen und 46 Kilometer vor Paulet gesunken war. Es grenzte an ein Wunder, dass Kapitän Larsen und seine Männer sich auf Paulet retten konnten. Sie errichteten ein primitives Notquartier und überwinterten unter härtesten Bedingungen. Ole Wennersgard starb aufgrund der Strapazen. Im Winter 1903 war die Expedition so auf drei Gebiete versprengt: Nordenskjöld und seine Wissenschaftler auf Snow Hill, die Überwinterer in der Hope Bay und die Schiffbrüchigen auf Paulet. Da es noch keinen Funk gab, wusste niemand vom Schicksal der anderen. Die fünf Schiffbrüchigen fuhren im Oktober 1903 mit einem kleinen Boot zur Hope Bay. Als sie die Überwinterer nicht antrafen, weil diese schon nach Snow Hill aufgebrochen waren, begaben sie sich ebenfalls dorthin. In der Zwischenzeit hatte man sich in den Heimatländern der internationalen Mannschaft Sorgen über deren Verbleib gemacht. Die Argentinier schickten die »Uruguay«, die schließlich alle Expeditionsteilnehmer glücklicherweise wieder einsammeln konnte. Alle drei Hütten sind heute noch zu besichtigen.

Reste der Nothütte auf Paulet Island, die von den Schiffbrüchigen erbaut wurde. Mittlerweile haben die Pinguine sie als Nistplatz erobert.

Bei Brown Bluff auf dem antarktischen Festland gibt es viel Platz, um sich die Füße zu vertreten.

Die Klippe von Brown Bluff besteht aus Basalt mit einer Auflage aus 240 Meter dicker gelbbrauner Vulkanasche. Sie ragt mit 745 Metern weithin sichtbar über das Meer auf.

Am Strand liegen Blöcke vulkanischen Auswurfmaterials auf Basaltkies verstreut. Wind und Brandung modellieren die Formen.

Der Strand von Brown Bluff mit seiner beeindruckenden Adeliepinguin-Kolonie wird von zwei großen Gletschern eingerahmt.

Auf einer Zodiacfahrt zur Kolonie auf Paulet sieht man schon die Adeliepinguine auf den vorgelagerten Eisbergen am Rande des Wolkenmeeres.

Während des anstrengenden Brutgeschäfts müssen die Pinguine auch einmal ausruhen. Die Tiere wirken mit ihrem schwarzweißen Federkleid und ihrem aufrechten Gang so sympathisch menschlich.

Die Vulkaninsel Paulet liegt am nördlichen Rand des Weddellmeeres als weithin sichtbares Wahrzeichen des Erebus-und-Terror-Golfes, der nach den beiden Schiffen der ersten Ross Expedition benannt wurde.

Im Weddellmeer: Wenn der Wind Treibeis zusammenfegt, kann Presseis entstehen. Dann gibt es ohne Eisbrecher kein Durchkommen mehr.

Im Weddellmeer zieht schlechtes Wetter auf.

Das Schiff muss umdrehen, um vom Eis nicht eingeschlossen zu werden; denn es kann kein Eis brechen. Die Schollen schlagen bei diesem Manöver gegen die verstärkte Bordwand, können aber geschoben werden.

Dem wachsenden Tourismus in der Antarktis wird Rechnung getragen. Seit 2005 gibt es eine Haftungspflicht für Verursacher von Umweltschäden.

30 Meter sichtbare Eiswände bedeuten weitere 120 Meter Eis unter dem Wasserspiegel.

Die Vielfalt der Eisberge ist faszinierend. Manche wirken, als seien sie einem abstrakten Bild entsprungen.

Jeder Eisberg wirkt anders. Dieser hat sich gedreht und zeigt seine komprimierte Unterseite aus Blaueis.

Nur langsam kann das
Schiff nach Paulet gleiten,
weil der Wind das Eis
zusammengetrieben hat.

Je höher man auf dem Schiff steht, desto kleiner wirken die Tafeleisberge.

Die Diagonale in Bildmitte markiert die Stelle, an der die Eistafel zerbrochen ist.

Eine bizarre Eissäule im trüben Nebellicht.

Das drohende Unwetter verdunkelt den Abendhimmel. Ein Sturm zieht auf.

Klimaerwärmung, Eis und Pinguine

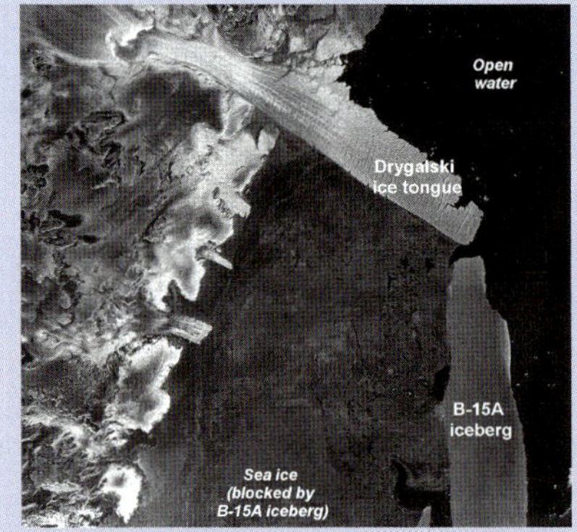

Blick aus dem Weltraum auf Ostantarktika – das Rossmeer. Der Tafeleisberg B-15A wird per Satellit beobachtet (ESA Foto).

Die Antarktis ist in den letzten 50 Jahren um drei Grad wärmer geworden. Wegen der erhöhten Niederschläge nimmt das Eis lokal zu statt ab.

»Riesen-Eisberg löst sich von Antarktika.« Solche Meldungen sind derzeit häufiger zu lesen. Die Klimaerwärmung macht sich in der Antarktis besonders bemerkbar, denn seit 1947 nahm die durchschnittliche Jahrestemperatur um etwa 3 Grad Celsius zu. 2002 brach eine Eisfläche von der Größe Luxemburgs am Larsen-Schelfeis im Osten der Antarktischen Halbinsel ab. Nach Messungen des Alfred-Wegener-Instituts verringerte sich diese Schelfeisfläche seit 1986 von 15 000 auf nur noch 4500 Quadratkilometer. Im Jahr 2000 löste sich der mit 11 655 Quadratkilometern bislang größte Eisblock B-15 vom Ross-Schelfeis. Die NASA und ESA verfolgen diese Eisberge via Satellit, um Gefahren für den Schiffsverkehr zu begegnen. Wind und Strömung treiben sie immer wieder zum McMurdo Sound. Dort blockieren sie von Eisbrechern offen gehaltene Schifffahrtsrinnen, sind aber auch eine Gefahr für die brütenden Pinguine. 2002 fürchtete der amerikanische Meeresbiologe Dave Ainley eine ökologische Katastrophe, denn Hunderttausende Pinguine waren durch die Eisgiganten B-15A und C-16 von ihren Brutkolonien abgeschnitten. Wird der Weg zum Wasser zu weit und damit energetisch zu ungünstig, bleibt nicht genug Krill für die Jungen übrig, weil der Altvogel ihn selbst für die weite Wanderung benötigt. Als Folge legen die Pinguine erst gar keine Eier oder die schon geschlüpften Küken verhungern. Für die Kolonie auf Cape Royds verkürzte sich der Weg zur Eiskante wieder, als B-15A seine Position änderte. Trotzdem brüteten nur 1800 Paare, 50 Prozent weniger als sonst. Auf Cape Crozier zogen nur zwei Prozent der Tiere überhaupt Junge groß. Im Oktober 2003 zerbrach B-15A. Doch selbst der verbliebene Teil ist noch so groß wie Mallorca. Er lief im Januar 2005 im McMurdo Sound auf Grund. Der Bruterfolg der Pinguine war erneut bedroht. Erst Anfang März kam er frei und trieb im April auf die Drygalski-Eiszunge. Unter www.esa.int können Interessierte die weitere Entwicklung von B-15A verfolgen.

Bergy Bits, kleine Eisberge in allen Weiß- und Blautönen, vor Snow Hill.

Wohin man schaut, überziehen brütende Adeliepinguine die Hänge von Paulet Island.

Pinguine bedroht vom Tourismus?

Ein vom Fotografen offenbar gelangweilter Magellanpinguin.

Friedliche Koexistenz zwischen Besuchern, Fotografen und Adeliepinguinen auf Peterman Island.

Es wurde in den letzten Jahren immer wieder behauptet, dass Pinguinfreunde in der Antarktis ihren Lieblingen schaden, weil sie ihnen zu nahe kommen. Ob dies tatsächlich stimmt, kann nur mit einem klaren Jein beantwortet werden. Für Untersuchungen hierzu hat eine australische Biologin ein elektronisches EKG-Ei entwickelt. Dieses wird nun brütenden Pinguinen untergeschoben. Und das erfolgt leider so: Die Forscher gehen zum Nest des Pinguins, nehmen dem brütenden Vogel eines seiner zwei Eier weg und packen es in einen transportablen Brutcontainer. Dann kommt das kalte Plastikei ins Nest. Der aufgeschreckte Pinguin kehrt wegen seines starken Bruttriebs schnell zum Nest zurück, setzt sich auf sein eigenes und das eiskalte Funkei und beruhigt sich langsam. Stunden später simulieren die gleichen Forscher eine Touristengruppe, die an der Kolonie in vorgeschriebenem Abstand, mindestens fünf Meter, vorbeigeht. Über das EKG-Ei wird deutlich, dass der Pinguin erneut zutiefst erschrickt. Doch kann dies statt mit der menschlichen Nähe auch damit erklärt werden, dass er Angst davor hat, ihm werde erneut ein Ei gestohlen. Wenn die Pinguine am Kolonierand bei regelmäßigen Besuchen wirklich im Dauerstress wären, müsste ihr Bruterfolg schlechter sein als in ungestörten Kolonien. Das ist aber selbst auf viel besuchten Inseln wie Cuverville nicht nachweisbar, wie die Untersuchungen von Herzraten und Bruterfolg des weltbekannten Pinguinforschers Bernard Stonehouse aus Cambridge eindeutig belegen. Außerdem gibt es ein weiteres Gegenbeispiel: Port Lockroy. Hier brüten die Pinguine direkt um die Station herum. Je näher, je besser. Das hält ihnen die Bruträuber wie Skuas und Dominikanermöwen vom Leib. Die Zahl der Besucher ist schon auf über 10 000 pro Saison gestiegen – die höchste Besuchermenge im Bereich der Antarktischen Halbinsel. Den Pinguinen geht es hier dennoch bestens, solange sich die Touristen an die Verhaltensregeln der IAATO (International Association of Antarctic Tour Operators) halten.

Eis im Breitwandformat am Larsen-Schelfeis.

JANNICKE
6
STAFF

Antarktis: Planen, Reisen, Genießen

Rückkehr zum Schiff. Bequem und sicher ist das Zodiacfahren, weil hier echte Profis am Werk sind.

ALLGEMEINE INFORMATIONEN

ANREISE/REISEN IM LAND. Individualreisen in der Antarktis sind nicht möglich, da es keine Hotels gibt. Reisevehikel sind kleine bis größere eisgängige Schiffe. Dazu zählen komfortable Vier-Sterne-Kreuzfahrtschiffe mit Abendprogramm bis hin zu russischen Forschungsschiffen und sogar Eisbrechern mit gemütlicher Expeditionsatmosphäre. Die meisten Angebote gibt es zur Antarktischen Halbinsel. Startpunkte der Reisen sind Ushuaia (Argentinien), Punta Arenas (Chile) und Port Stanley (Falkland). Expeditionsschlauchboote, Zodiacs, bringen die Gäste jeweils für ein paar Stunden an Land. Mittlerweile kann man sogar von Ushuaia bis auf King George Island (Südshetland) fliegen und dann an Bord eines kleinen Schiffes gehen. Quark und Heritage Expeditions bieten wenige teure Reisen mit Eisbrechern oder kleinen Forschungsschiffen von Invercargill (Neuseeland) und Hobart (Tasmanien) zu den subantarktischen, neuseeländischen Inseln bis zum Rossmeer mit wetterabhängigen Anlandungen an – unter anderem auf Cape Adare zu einer der größten Adeliepinguin-Kolonien, zur wilden Gebirgslandschaft von Cape Hallett und zu Scotts Hütte auf der Rossinsel. Bei diesen Reisen bestehen gute Chancen, Kaiserpinguine zu sehen. In manchen Jahren findet eine Halbumschiffung der Antarktis von Südamerika nach Neuseeland oder vice versa statt. Von Australien aus macht Quantas Sightseeing-Flüge über die Antarktis.

AUSKUNFT. Die Angebote ändern sich ständig. Man informiert sich am besten im Internet unter: www.seereisen-portal.de, außerdem bei folgenden Adressen: www.norden-tours.de, www.hlkf.de, www.polaradventures.de, www.heritage-expeditions.com und www.quarkexpeditions.com. – Auf unserer Homepage www.antarktis-arktis.de finden Sie ein Logbuch »Reise zur Antarktischen Halbinsel« und das erste Kapitel unseres CD-ROM-Buchs »Antarktis für Kreuzfahrer«. Dort gibt es 160 Seiten ausführlichen Text und eine Diaschau, die Ihnen einen guten Eindruck der meisten Anlandeplätze vermittelt.

AUSRÜSTUNG. Für die Antarktis benötigt man warme Kleidung. »Zwiebeltechnik« ist angesagt. Auch wenn es erst angenehm erscheint, können Wetterumschwünge schnell passieren. Ziehen Sie sich daher immer warm an: mit langer Skiunterwäsche, einer wasserdichten, warmen Überhose, dicker Polarfleecejacke, Mütze, Schal und Handschuhen. Am besten sind dünne Seidenfingerlinge, mit denen man Kameras bedienen kann, und zusätzlich darüber dicke Ski-Handschuhe für die Zodiacfahrt. Gummistiefel mit guter Sohle und hohem Schaft sollten möglichst mindestens eine Nummer größer sein, um mehrere dicke Fleecesocken anziehen zu können. Stiefel werden oft von Schiffen gestellt. Sonnenbrille, Lippenpflege und Sonnencreme nicht vergessen.

GRÖSSE/LAGE/NATURRAUM. Die Antarktis teilt sich in zwei völlig unterschiedliche Lebensräume, den Kontinent Antarktika mit seinen vorgelagerten Inseln und das Südpolarmeer, das das Festland ringförmig umschließt. Der Kontinent ist mit gut 13 Millionen Quadratkilometern eineinhalbmal so groß wie Europa. Antarktika besteht aus der ostantarktischen Kontinentalplatte (10,4 Millionen Quadratkilometer) und der kleineren Westantarktis (2,7 Millionen Quadratkilometer). Das Südpolarmeer umfasst 36 Millionen Quadratkilometer, zehn Prozent der Ozeane auf unserem Globus. 24 Millionen davon sind im Südwinter (September) vereist. Der Packeisgürtel hat dann seine größte Ausdehnung von bis zu 1000 Kilometer Breite erreicht. Die Entfernungen zu anderen Erdteilen sind groß: Nach Südamerika sind es 1000 Kilometer, nach Australien 2250 und nach Neuseeland 2200 Kilometer. Die größte Distanz besteht zu Afrika (3600 Kilometer). Diese Distanzen und das widrige Klima ließen nie Besiedelung zu. Heute überwintern internationale Forscher in über 30 Winterstationen.

REISEZEIT. Antarktisreisen werden nur im Südsommer ab Mitte Oktober bis Mitte März angeboten. Mit der Zunahme der Touristenzahlen hat sich die Saison in das Frühjahr und den Herbst ausgeweitet. Die beste Reisezeit ist um Weihnachten bis Anfang Februar, wenn die Pinguinküken aufgezogen werden.

VERWALTUNG/WIRTSCHAFT. Die Antarktis steht unter internationaler Verwaltung der 43 Mitgliedsstaaten des Antarktisvertrags. 1961 unterzeichneten die ersten zwölf Regierungen, von denen sieben Hoheitsansprüche geltend machten. 1991 wurde im »Zusatzprotokoll von Madrid« die friedliche Nutzung für weitere 50 Jahre festgeschrieben. Auch auf den Abbau von Rohstoffen wird weiterhin verzichtet. Das komplexe Vertragswerk kann im Internet zum Beispiel unter www.awi-bremerhaven.de eingesehen werden.

SEHENSWÜRDIGKEITEN

PUNTA ARENAS (PATAGONIEN). Punta Arenas ist mit 125 000 Einwohnern die Hauptstadt der Provinz Magallanes in Chile. Der Cerro La Cruz bietet einen weiten Blick über Hafen und Stadt. Typisch für Punta Arenas ist der stetig wehende Wind von September bis März. An manchen Tagen bläst er sogar mit 150 bis 180 Stundenkilometern. Dann werden Seile auf den Bürgersteigen gespannt, damit sich die Fußgänger daran festhalten kön-

Auf den meisten Schiffen gehört auch die Brücke wenigstens zeitweise den Gästen.

Ein schon historisches Foto: Die alte »WD« läuft unter Kapitän Lampe in den Neumayerkanal ein. Alle Mann sind zum Fotografieren auf den Decks angetreten.

nen. Nach der Gründung 1848 als englische Strafkolonie Sandy Point machte Punta Arenas eine steile Karriere als Woll-, Schaf-, Silber- und Holzhandelsplatz. Viele Europäer, besonders Kroaten, erwirtschafteten stattliche Vermögen, bauten Villen und entwickelten ein kulturelles Leben. Die mächtigsten Estanzieros waren die Familien Menéndez und Brown. Sara Brown kam als Kind 1874 von Litauen nach Punta Arenas. Durch einen ausgeprägten Geschäftssinn und Heirat mit dem reichen asturischen Kaufmann José Menéndez häufte sie eines der größten Vermögen in Südamerika an. Wenige mächtige Clans herrschten über Ländereien von der Größe europäischer Staaten. Sie waren nicht nur Schafzüchter, sondern verdienten ihr Geld auch mit Schifffahrtslinien, im Im- und Export. Im Zentrum der Stadt stößt man noch auf die Spuren des einstigen Reichtums. Auf der Plaza de Armas erhebt sich das riesige Denkmal von Fernando de Magellanes (um 1480–1521). Zu Füßen des Seefahrers knien zwei Indianer. Rund um die Plaza liegen reich ausgestattete Kontore und Herrschaftsvillen der früheren Großgrundbesitzer. Stadtauswärts entlang der Avenida Bulnes vorbei am Schäferdenkmal, dem Wahrzeichen Punta Arenas, und dem Denkmal der wichtigsten Einwanderergruppe, der Kroaten, kommt man zur großen Friedhofsanlage. Ende des 19. Jahrhunderts gehörte Punta Arenas zu einer der wohlhabendsten Handelsstädte der Welt. Als am 15. August 1914 das erste Schiff den Panamakanal passierte, verlor der Hafen von Punta Arenas seine Bedeutung. Zugleich sanken die Weltmarktpreise für Wolle und Schafe. Die Schafzucht ist auch heute noch primärer Wirtschaftsfaktor. Weitere Ressourcen sind Fischerei, Tourismus, Steinkohle, Erdöl und -gas. Eine Stunde Fahrt nördlich von Punta Arenas direkt an der Magellanstraße liegt Seno Otway, eine kleine Magellanpinguin-Kolonie. Unterwegs sieht man Nandus, Guanakos, Graufüchse, Magellangänse, den Karakara und mit etwas Glück sogar den Andenkondor. Weiter nördlich befindet sich die Isla Magdalena, eine flache Insel mit einem Leuchtturm und etwa 60 000 Pinguin-Paaren.

MAGELLANSTRASSE. Am 1. November 1520 entdeckte der Portugiese Fernando de Magellanes die später nach ihm benannte Magellanstraße. Die Wasserstraße, die Atlantik und Pazifik verbindet, ist 600 Kilometer lang und wird eingerahmt von einer dramatischen, schneebedeckten und vergletscherten Gebirgsszenerie. Für die Spanier war dieser Schifffahrtsweg die wichtigste Abkürzung, um das sturmumtoste Kap Hoorn (siehe Seite 60) zu vermeiden. Die Magellanstraße weist viele Untiefen auf. Navigieren ist schwierig, davon zeugen etliche Wracks. Südlich der Magellanstraße liegt schon Feuerland. Eindrucksvoll ist die Kreuzfahrt von Punta Arenas durch ein Gewirr schmaler Kanäle bis in den Beagle-Kanal. Zunächst gleitet das Schiff durch die Magellanstraße, biegt dann in den Magdalenakanal ein und fährt weiter entlang der Darwinkordillere mit dem 2235 Meter hohen Sarmiento, dem höchsten Berg Feuerlands, durch den engen Cockburn- und Ballenerokanal bis in den Beagle-Kanal.

FEUERLAND. Als Feuerland wird nicht nur die Hauptinsel, sondern auch das gesamte Inselarchipel bezeichnet. Entstanden ist Feuerland während der Eiszeiten, als durch Meeresspiegelschwankungen eine Kette von Binnenseen zur Magellanstraße verschmolz. Mit 73 500 Quadratkilometern ist Feuerland so groß wie Bayern und das Saarland zusammen. Einst lebten hier vier ethnisch sehr unterschiedliche Indianerstämme: die Onas, die Yámanas, die Manek'enk und die Alakalufes. Anfang des 19. Jahrhunderts ließen sich Engländer, Waliser, Kroaten und Deutsche in Feuerland nieder und betrieben Schaffarmen. Schon bald kam es zu Konflikten zwischen Farmern und Indianern. Durch Einzäunung der Estanzias verloren die Indianer ihre angestammten Jagdgründe. So blieb ihnen nichts anderes übrig, als Schafe zu stehlen. Dies war ein willkommener Anlass für die Großgrundbesitzer, eine fürstliche Kopfgeldprämie für jeden Viehdieb zu zahlen. Nach dem 1924 fast vollendeten Genozid raffte 1929 eine Masern-Epidemie die restlichen Ureinwohner dahin. Heute leben nur noch sehr wenige reinrassige Indianer nahe Puerto Williams.

USHUAIA (FEUERLAND). Ushuaia ist 1884 am Beagle-Kanal gegründet worden. Zunächst gab es hier eine Strafkolonie, mit der man die Besiedlung des Landes vorantreiben wollte. Das Presidio (Gefängnis) ist im Sommer zu besichtigen. In 300 düsteren Zellen waren mehr als 800 Gefangene unter unwürdigen Bedingungen untergebracht. Bis zur Schließung 1947 kam hier kaum einer lebend wieder heraus. Im 19. Jahrhundert lockte ein kurzer Goldrausch Europäer nach Ushuaia. Doch erst 1948 brachte das Schiff »Genova« italienische Immigranten, die sich hier niederließen. Mit dem argentinischen Wirtschaftsförderungsgesetz für Feuerland kam 1972 die Wende. Steuersubventionen ziehen bis heute Zweigfirmen großer Unternehmen an. Steuervergünstigungen und gut bezahlte Jobs bewirkten, dass Ushuaia eine der am schnellsten wachsenden Städte in Argentinien wurde. Heute zählt Ushuaia 60 000 Einwohner, 1970 waren es erst wenige tausend. Wachstumsmotor ist der Tourismus. Mehr als 100 000 Besucher kommen jährlich, Tendenz steigend. Deshalb wurde Ende der 1990er-Jahre ein neuer Flughafen gebaut. Werbeträchtig verkauft man Ushuaia als südlichste Stadt der Welt. Für die Chilenen ist dies allerdings Puerto Williams (siehe Beagle-Kanal).
Ushuaia ist eingerahmt von 1500 Meter hohen Bergen. Am Hafen preisen Souvenirshops ihre Waren an, besonders Schmuck und Figuren aus dem himbeerfarbenen, argentinischen Rhodochrosit. Der Kai ist belegt mit Kreuzfahrern und Ausflugsschiffen. An der Hauptstraße San Martin sieht man noch einige der alten Kolonialbauten aus Holz. In der Touristeninformation ist das begehrte Certificado als Beleg für den Stadtbesuch zu ergattern.

Auf Aichto (Südshetland) fällt sofort der grüne, mit einer sehr dünnen Algenschicht bedeckte Boden auf.

ANTARKTIS

Exkursionen führen von Ushuaia in den Tierra-del-Fuego-Nationalpark. Die schneebedeckte Landschaft des Nationalparks kontrastiert mit sattgrünen Südbuchenwäldern, Seen und überschwemmten Biberwiesen in den Tälern. 1948 sind Biber aus Kanada eingeführt worden. Sie vermehrten sich so stark, dass sie heute große Schäden im Ökosystem der Wälder anrichten.

BEAGLE-KANAL. Der Beagle-Kanal entstand wie die Magellanstraße während der Eiszeiten und ist eine schmale, 180 Kilometer lange Verbindung zwischen Atlantik und Pazifik. Er ist nach dem Forschungsschiff »Beagle« benannt, das 1830 erstmals den Kanal befuhr. Im Westen strömen sechs Gletscher vom Eisfeld Ventisquero Contramaestre die Darwinkordillere hinunter. Sie sind von West nach Ost mit Ländernamen bezeichnet: Espania, Romansche, Alemania, Francia, Italia und Holanda. Jeder dieser Gletscher ist ein Naturschauspiel, das auf die Antarktis vorbereitet. Schräg gegenüber von Ushuaia liegt am Südufer des Beagle-Kanals Puerto Williams. Die 2000 Einwohner zählende »Stadt« wird von einer gezackten Gebirgsszenerie, den »Zähnen von Navarino«, eingerahmt. Kleine Holzhäuser schmiegen sich ans Ufer. Das Gusinde-Museum informiert über die Feuerland-Indianer. Direkt am Hafen ist auch der Bug der »Yelcho« ausgestellt. Mit diesem Schiff sind alle Schiffbrüchigen der »Endurance«-Expedition von Shackleton gerettet worden (siehe Seite 114).

Anlandung auf Isla Picton am Ende des Beagle-Kanals in Feuerland. Picton und zwei weitere Inseln waren in den 80er Jahren des 20. Jahrhunderts ein Zankapfel zwischen Chile und Argentinien. Erst der Schiedsspruch des Papstes verhinderte einen Krieg.

SÜDSHETLAND-INSELN. Die Südshetland-Inseln formen einen 540 Kilometer langen Inselbogen im Nordwesten der Antarktischen Halbinsel. Sie sind zu 80 Prozent vergletschert und durch Vulkanismus geprägt. An der südlichen Landspitze von Elephant Island befindet sich Cape Lookout, eine schmale Landzunge mit brütenden Zügelpinguinen. Bizarre Felssäulen ragen aus dem Wasser. Goldschopfpinguine, die in der Nähe in einer größeren Kolonie brüten, schwimmen im Wasser. Manche Moospolster auf Elephant sind über 2000 Jahre alt. Wenn man vor dem stürmischen Cape Wild im Norden der Insel kreuzt, kann man sich kaum vorstellen, wie in dieser unwirtlichen Gegend 22 Männer nur im Schutz von zwei Booten ohne ausreichend Kleidung und Nahrung über vier Monate (1916) ausharren konnten (siehe Seite 114). Auf King George Island gibt es wegen des milderen Klimas die größte Anzahl von Forschungsstationen in der Antarktis, insgesamt neun. Am häufigsten besucht wird die polnische Station Arctowski in der Admiralty Bay. Auf einem Felsen erhebt sich ein kleiner Leuchtturm. In einer Felsnische steht eine Madonnenfigur, vor der gelb gestrichenen Station liegt ein Walskelett. Die Station selbst ist urgemütlich mit einem holzgetäfelten Gemeinschaftsraum. Vor Arctowski entwickeln sich dichte Moospolster und die beiden einzigen Blütenpflanzenarten in der Antarktis: die Antarktische Schmiele und das Antarktische Perlkraut. Adelie-, Esels- und Zügelpinguine brüten in der Nähe. Im Februar 2005 ver-

Walflensdeck in Grytviken, Südgeorgien. Ab 1905 wurden Glattwale mit den schweren Ketten an Land gezogen, in den dreißiger Jahren des 20. Jahrhunderts gab es landunabhängig operierende Fabrikschiffe.

weilte sogar ein einzelner Königspinguin hier für ein paar Tage. Penguin Island ist ein typischer Schichtvulkan. Der Strand besteht aus grauem Lavagestein, zahlreiche Walknochen sind über das Ufer verstreut. Die Aitcho Islands liegen zwischen Greenwich- und der Robert-Insel. Angelandet wird in einer geschützten Bucht der Hauptinsel. Moospolster und Flechten bedecken das Eiland. Hier ist das Familienleben von Esels- und Zügelpinguinen zu beobachten. Eine schmale Landzunge und eine kleine Bucht formen Yankee Harbour auf Greenwich Island. Dieser geschützte Hafen war schon Robbenschlägern bekannt. Davon kündet ein Trantopf am Ufer. Auf dem Geröll ruhen Krabbenfresser. Den Hügel hinauf ziehen Eselspinguine ihre Küken groß. Gegenüber von Yankee Harbour befindet sich Half Moon Island mit der argentinischen Sommerstation Teniente Camara. Das Gestein ist zu bizarren Felstürmen geformt. Eingenommen wird der Fels von einer großen Zügelpinguin-Kolonie. Hannah Point am Südwestzipfel von Livingston ist ein Tierdorado. Die Felsen werden von Zügel- und Eselspinguinen besiedelt. In manchen Jahren nistet zwischen ihnen ein Goldschopfpinguin-Paar. Seeelefanten ruhen an einer Klippe. In der Walker Bay vor dem großen Schwemmfächer des Gletschers werden im Moränenschutt Fossilien freigespült. Einige sind auf einem Steinblock ausgestellt. Deception bildet eine hufeisenförmige Insel aus einem hohen dunklen Kraterrand. Hinter der schmalen Einfahrt von Neptune's Bellow vorbei an den Cathedral Rocks öffnet sich der Kraterkessel. Deception ist ein noch aktiver Vulkan. 1990/91 gab es Erdstöße, die einen Besuch verhinderten. Der Boden ist bedeckt mit mächtigen, dunklen Ascheschichten, mit »Ziegelrot«, einem vulkanischen Gestein mit hohem Eisengehalt und Schwefelkies. In der Whaler's Bay rosten die Reste der britischen Hector's Walfangstation (1911–1931), der südlichsten Trankocherei der Welt. Warme Quellen laden zum Baden ein. Weitere Anlandepunkte im Krater sind Pendulum Cove und die Telephone Bay. Die heftigen Vulkanausbrüche 1967 und 1969 haben die Landschaft völlig umgestaltet. In der Caldera herrscht kaum Tierleben. An der Kraterauβenseite bei Baily Head dagegen weitet sich hinter einem schmalen Felsdurchgang ein breites Tal mit riesigen Zügelpinguin-Kolonien (100 000 Brutpaare).

RUND UM DIE ANTARKTISCHE HALBINSEL. Der weit nach Norden ragende Sporn Antarktikas ist klimatisch begünstigt und »nur« mit bis zu 500 Meter dickem Eis bedeckt. Er ist zusammen mit den vielen kleinen vorgelagerten Inseln das reichste Tierparadies des Kontinents. Hier gibt es große Pinguinkolonien, an Stränden oder auf Eisschollen ruhen Seeelefanten, Krabbenfresser-, Weddell- und Pelzrobben. In der nährstoffreichen Gerlache- und Bransfieldstraße tummeln sich Wale. Daher werden hierhin die meisten Kreuzfahrten angeboten. Cruising im Neumayer-Kanal, im schmalen Lemaire-Kanal, der von 1000 Meter hohen, schneebedeckten Bergen eingerahmt wird, oder gar im Errerakanal, wo sich das Schiff zwischen Eisbergen hindurchschiebt, gehört zu den Highlights einer jeden Expeditionsreise. Viel besucht ist im Neumayerkanal Goudier Island mit der kleinen britischen Station Port Lockroy, heute das Historic Site and Monument No. 61 mit einem Postamt, von dem man Briefe in alle Welt verschicken kann. Hautnah sind Eselspinguine zu beobachten. Peterman Island auf 65 Grad 10 Minuten südlicher Breite ist oftmals der südlichste Anlandepunkt der Reisen. Das zwei Quadratkilometer große Eiland haben Adeliepinguine und Antarktikkormorane erobert. Eselspinguine brüten hier in ihrer südlichsten Kolonie. Die 1955 von Argentiniern errichtete Groussac-Hütte ist schon lange unbewohnt. Das Holzkreuz erinnert an zwei britische Wissenschaftler, die 1982 zur nur zehn Kilometer entfernten Faraday-Station unterwegs waren und nie dort ankamen. Die Paradise Bay ist eine geschützte Bucht, eingerahmt von steilen Bergen und Gletschern, die ins Wasser kalben. Seeleoparden oder Krabbenfresser aalen sich auf Eisschollen. An einer Klippe brüten Antarktikkormorane auf großen Nestern. Bei der argentinischen Station Almirante Brown setzt man Fuß auf den Kontinent. Sie wurde 1984 vom Stationsarzt niedergebrannt, weil er auch nach seiner zweiten Überwinterung auf sein vielfaches Bitten immer noch nicht abgelöst werden sollte. Alle Leute wurden gerettet, doch die Gebäude waren zerstört. 1996 begann man mit dem Wiederaufbau, der wegen der Wirtschaftskrise ins Stocken geraten ist. Vom 50 Meter hohen Hügel bietet sich ein märchenhafter Blick über die Bucht. Beim Verlassen der Paradise Bay kommt man am Waterboat Point und der chilenischen Forschungsstation Gonzalez Videla vorbei, die von Eselspinguinen umlagert wird. In der benachbarten Andvord Bay begleiten Schneesturmvögel den Reisenden bis Neko Harbour, einen weiteren Anlandepunkt auf dem Kontinent. Der Blick über die Bucht auf die beeindruckende Gletscherszenerie ist Ehrfurcht gebietend. Auf den Felsen brüten Eselspinguine. Durch den eisberggesäumten Errerakanal erreicht man Cuverville, eine kleine Insel, die 1897 bis 1899 vom Belgier Adrien de Gerlache entdeckt wurde. Sie beherbergt eine der größten Eselspinguin-Kolonien. Da der Wind die steileren Felsen früher eisfrei weht als den flachen Strand, beginnen im Frühjahr die ersten Tiere mit ihrer Brut an den Klippen. Mühsam müssen sie durch tiefe Schneepfade zu ihren Brutplätzen wandern.

Die Melchior Islands bilden ein Inselarchipel umgeben von zahlreichen Eisbergen. Auf der Lambdainsel wurde 1942 der erste Leuchtturm in der Antarktis errichtet. Im nördlichen Ausgang der Gerlachestraße erheben sich die schroffen Hydrurga Rocks. Zügelpinguine, Antarktikkormorane und Dominikanermöwen brüten hier. Der Platz ist für Besucher sehr begrenzt. Viele Brutplätze sind im felsigen Gelände nicht zugänglich.

An der Spitze der Antarktischen Halbinsel liegt Hope Bay mit einer großen Adeliepinguin-Kolonie und der ar-

Die Steinhügel auf Half Moon Island (Südshetland) sind als erste vom Wind schneefrei geblasen, daher können die Zügelpinguine sie überhaupt besiedeln.

Pinguine, Eis und ein schwimmendes Exkursionshotel, was braucht es mehr …

gentinischen Station Esperanza, einem Dorf mit Kirche, Kindergarten, einem Postamt und einer Radiostation. 1978 wurde hier als erster antarktischer Erdenbürger Emilio Marcos de Palma geboren. Durch den Antarctic Sound kommt man nach Brown Bluff zu Adelie- und Eselspinguinen. Zerbrochene, scharfkantige Lava ist durch vulkanische Eruptionen in mächtigen Ascheschichten eingelagert, die den kleinen Strand in einer rotbraunen, steilen Wand umgeben – ein Kontrast zum grünen Algenbewuchs am Strand. Paulet ragt als Vulkankegel aus dem Meer und ist Brutstätte von Tausenden Adeliepinguinen, die bis weit die Hügel hinauf brüten. Sie haben mittlerweile sogar die Überwinterungshütte der Nordensjköld-Expedition eingenommen (siehe Seite 225).

Im Osten der Antarktischen Halbinsel gelangt man in das mit zahllosen Eisbergen und Tafeleisbergen übersäte Weddellmeer nach Snow Hill und Seymour Island. Auf Snow Hill Island errichtete 1902 der schwedische Geologe Otto Nordenskjöld seine bescheidene Forschungshütte (siehe Seite 223). Drei Kammern, die Küche und ein kleiner Arbeits- und Wohnraum mit einem Ofen lassen erahnen, unter welchen Bedingungen Nordenskjöld und seine Wissenschaftler den Winter hier verbracht haben. Seymour Island ist ganz flach und besteht aus feinen Sedimenten des Mesozoikums – eine gute Fundstelle für Fossilien. Da die Insel im Lee hoher Berge liegt, mangelt es an Schnee und Eis.

SÜDORKNEYINSELN. Vier Hauptinseln Coronation, Signy, Powell und Laurie sind zu 85 Prozent vergletschert. Entdeckt wurden sie 1821 vom amerikanischen Robbenschläger Nathaniel Palmer. Auf Laurie gibt es mit Orcadas die älteste durchgängig benutzte Forschungsstation in der Antarktis. Zunächst errichtete der Schotte William Bruce 1903 während der Scotia-Expedition das Ormond House, um meteorologische Untersuchungen durchzuführen. 1904 übernahmen die Argentinier das Observatorium, da die Briten kein weiteres Interesse hatten. Heute besteht die Station aus Forschungslabors und einem Museum mit biologischer Ausstellung und Fundstücken aus der Zeit von Bruce. Seine kleine Steinhütte ist noch am Strand erhalten. Zügel-, Esels- und Adeliepinguine brüten hier.

SÜDGEORGIEN. Südgeorgien, das Tor zur Antarktis, ist 170 Kilometer lang und bis 40 Kilometer breit. Im Winter liegt die Insel nördlich des Packeisgürtels, aber noch innerhalb der Antarktischen Konvergenz. Sie ist klimatisch eher eine subantarktische Insel, zählt ozeanografisch-ökologisch aber zur Antarktis. Das Wetter ist nasskalt und stürmisch mit Durchschnittstemperaturen im Februar von fünf bis sieben Grad Celsius, im August von minus zwei Grad Celsius. Die Landschaft ist rau und zerklüftet, die Küste durch viele Buchten und Fjorde zergliedert. Majestätisch erheben sich bis zu 2700 Meter hohe, schneebedeckte Berge. Mehr als 100 Gletscher kalben ins

Meer. Die eisfreien Flächen sind mit Tussock-Gras bewachsen. 1775 ist Südgeorgien durch James Cook für die britische Krone in Besitz genommen worden.

Südgeorgien ist eng verbunden mit dem Walfang im Südpolarmeer, mit Shackleton und mit einer einzigartigen Tierwelt. Zwischen 1904 und 1966 war hier das Zentrum der Walfangindustrie. Im Mai 1916 wanderte der Polarforscher Ernest Shackleton in 36 qualvollen Stunden von der King Haakon Bay über das verschneite Gebirge bis zur Walfangstation Stromness, um Rettung für seine Männer zu organisieren (siehe Seite 114).

Südgeorgien ist ein Paradies für Seevögel und Robben und das Reich von Wander-, Schwarzbrauen-, Graukopf- und Rußalbatros. Herrscher der Insel sind an Größe die Königs- und an Zahl die Goldschopfpinguine, daneben gibt es Zügel-, Esels- und Felsenpinguine sowie Millionen kleinerer Sturmvögel. Gefährdet sind einige Vogelkolonien durch eingeschleppte Wanderratten. Außerdem kommen in der Antarktis nur auf Südgeorgien die Anden- und Spitzschwanzente vor. Im Frühjahr nehmen Seeelefanten und Pelzrobben am Strand ihre Territorien ein. Anfang des 20. Jahrhunderts sind einige Rentiere von norwegischen Walfängern ausgesetzt worden. Mittlerweile hat sich der Bestand auf über 2000 Tiere erhöht. Sie schädigen die empfindliche Vegetation erheblich. Das mildere und feuchtere Klima der Insel produziert eine viel artenreichere Pflanzenwelt als auf dem antarktischen Festland. Charakteristisch ist das bis zwei Meter hohe Tussock-Gras. Neben 200 Moos-, Flechten- und Lebermoosarten gedeihen auch 20 Blütenpflanzen.

Es gibt hier zahlreiche Anlandemöglichkeiten. An der kleinen King Edward Bay liegt Grytviken, eine der sechs ehemaligen Walfangstationen auf Südgeorgien, die bis 1965 betrieben wurde und heute eine Geisterstadt ist. Die Gebäude bis auf die Kirche und das Museum befinden sich in zunehmendem Verfall. An Heiligabend wird die Kirche festlich mit Kerzen geschmückt – ein einzigartiges Ambiente für das Weihnachtsfest. Das Museum bietet interessante Ausstellungen zur Geschichte und zum Walfang. Ausgeblichene Walknochen am Strand sind Zeugen eines traurigen Kapitels in der Antarktis. Ein kurzer Pfad führt von Grytviken zu Shackletons Grab. In der Bay of Isles nördlich von Grytviken liegt auf der Hauptinsel die Salisbury Plain. Am Strand bis hinauf auf den Hügel brüten etwa 80 000 Königspinguine. Auf den vorgelagerten Prion und Albatross Islands führt ein rutschiger Weg zu Brutplätzen der Wanderalbatrosse und Riesensturmvögel. Gold Harbour wird eingerahmt von einer grandiosen Gebirgsszenerie. Auf dem Strand liegen im November die bis vier Tonnen schweren Seeelefantenbullen mit ihren Familien. Königs- und Zügelpinguine bevölkern den Strand. In der Cooper Bay gibt es eine große Kolonie Goldschopfpinguine. Der Strand wird von Pelzrobben verteidigt, die so aggressiv und gefährlich sind, dass man nicht immer anlanden kann. Dann ist Kreuzen im Drygalski-Fjord als Alternative angesagt.

Der Autor auf Paulet Island: Wer still sitzen bleibt, wird von neugierigen Adeliepinguinen umringt, denn die müssen sich nicht an die den Menschen vorgeschriebenen fünf Meter Abstand halten.

FALKLANDINSELN. Die beiden Hauptinseln, West- und Ostfalkland, sind nur durch den Falkland Sound getrennt. Weitere 700 kleinere Inseln liegen nördlich der Antarktischen Konvergenz und gehören nicht mehr zum Ökosystem Antarktis. Geologisch stellt das Archipel einen Rest der Afrikanischen Platte dar. Es herrscht ein ozeanisches Klima mit kühlen Sommern und frostfreien Wintern. An 250 Tagen im Jahr fällt Regen. Großflächige Moore mit Bächen, Seen, Wiesen und steilen Klippen prägen das Landschaftsbild. 600 000 Schafe grasen zwischen dem Tussock-Gras. Hier leben 2400 Menschen, allein 2000 in der gepflegten Hauptstadt Port Stanley, einer Stadt mit typisch britischem Einfluss und Häusern im viktorianischen Stil. Neben der neugotischen Kirche befindet sich ein Monument aus zwei Unterkieferknochen von Walen. In der Post sind schöne Briefmarkensätze mit Natur- und Geschichtsmotiven zu erwerben. Sehenswert ist das kleine Falkland Island Museum. Eine Ausstellung ist dem Falklandkrieg gewidmet. 1982 siegte England nach 75 Tagen über den Aggressor Argentinien. Entlang der Hafenpromenade leuchtet im Sommer der gelbe Stechginster. Viele Schiffswracks aus historischen Zeiten schauen aus dem Wasser. Der Lebensstandard in der Stadt ist hoch. Haupteinnahmequellen sind die Vergabe von Fischereilizenzen und der Tourismus.

Die Kreuzfahrtschiffe steuern verschiedene Inseln an, die sich in Privatbesitz befinden. Die Landschaften sind unspektakulär, aber die Anzahl der Tierarten ist wegen des milderen Klimas sehr groß. Volunteer Point auf Ostfalkland besteht aus einem langen Sandstrand. Wegen der starken Dünung kann man meist nur frühmorgens anlanden. In einer grünen Landschaft liegt die größte Königspinguin-Kolonie auf Falkland mit etwa 330 Brutpaaren. Außerdem ziehen Magellan- und Eselspinguine hier ihre Jungen groß. Bei Sonnenschein wirkt Bleaker Island umgeben von türkisfarbenem Ozean fast wie eine Karibikinsel. In Felsnischen brüten Felsenkormorane. Magellan- und Kelbgänse führen ihre kleinen Jungen über die Wiesen. Auf Westpoint Island stochert ein junger Nachtreiher am Pier nach Nahrung. Die flugunfähigen, großen Dampfschiffenten nehmen flügelschlagend Abstand zu den Zodiacs. Auf Carcass Island verläuft ein Pfad bis zur McGill Farm zu Esels- und Magellanpinguinen. Auf New Island muss man zunächst quer über die Insel wandern, um zu einer Kolonie mit Schwarzbrauen-Albatrossen, Felsenpinguinen und Blauaugenkormoranen zu gelangen. Es ist ein unbeschreibliches Erlebnis zu beobachten, wie die Albatrosse auf ihren thronähnlichen Nestern behutsam ihr kleines Küken füttern. Besonders zu Beginn der Brutzeit im November sind die Felsenpinguine sehr aggressiv. Sie kämpfen so heftig miteinander, dass sie sich mit den harten Flügelkanten prügeln, mit den Schnäbeln verhaken, auch schon einmal den Gegner über die Schulter werfen, bis beide völlig erschöpft verharren. Niedrig fliegend sucht der Karakara, ein Greifvogel, nach unbewachten Eiern oder kleinen Jungen, die er greifen kann.

Langsam schiebt sich der Bug durch die Schollen, die laut polternd am Rumpf vorbeidriften.

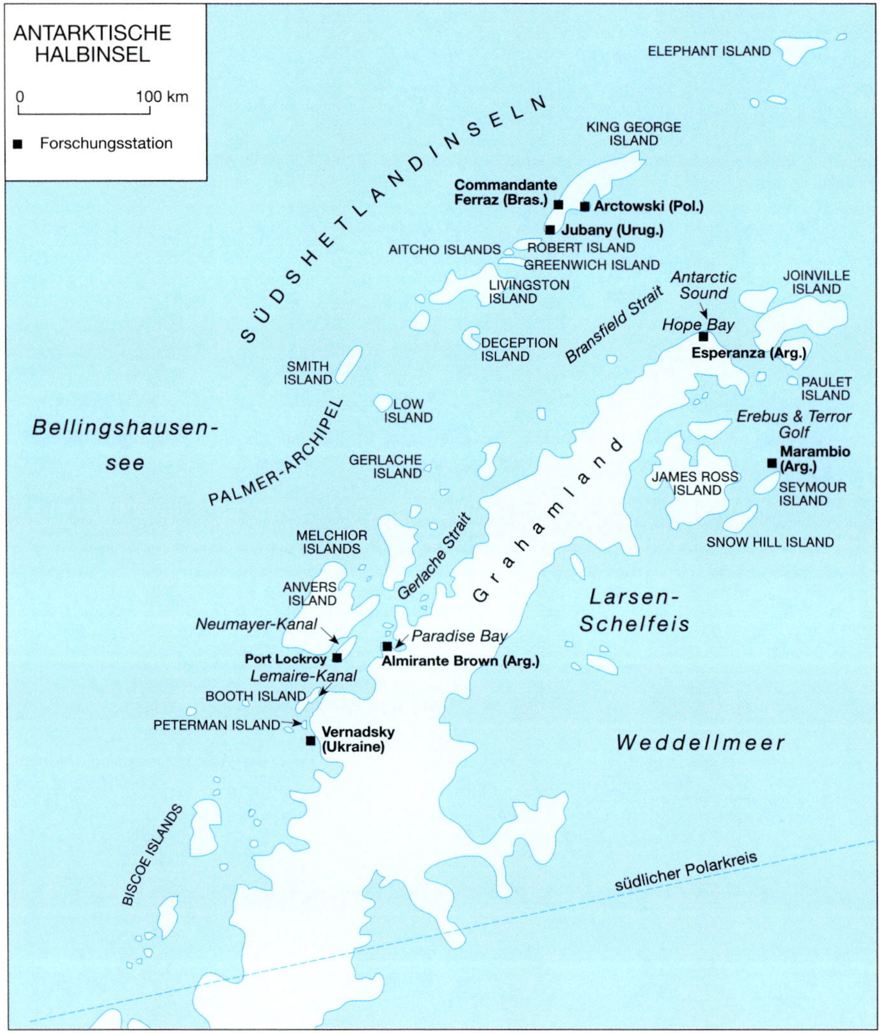
ANTARKTISCHE HALBINSEL
0 100 km
Forschungsstation
ELEPHANT ISLAND
SÜDSHETLANDINSELN
KING GEORGE ISLAND
Commandante Ferraz (Bras.)
Arctowski (Pol.)
Jubany (Urug.)
AITCHO ISLANDS
ROBERT ISLAND
GREENWICH ISLAND
LIVINGSTON ISLAND
Antarctic Sound
JOINVILLE ISLAND
Bransfield Strait
Hope Bay
DECEPTION ISLAND
Esperanza (Arg.)
SMITH ISLAND
PAULET ISLAND
LOW ISLAND
Erebus & Terror Golf
Bellingshausen-see
PALMER-ARCHIPEL
Marambio (Arg.)
GERLACHE ISLAND
JAMES ROSS ISLAND
SEYMOUR ISLAND
MELCHIOR ISLANDS
SNOW HILL ISLAND
Grahamland
Gerlache Strait
ANVERS ISLAND
Larsen-Schelfeis
Neumayer-Kanal
Paradise Bay
Port Lockroy
Almirante Brown (Arg.)
Lemaire-Kanal
BOOTH ISLAND
PETERMAN ISLAND
Vernadsky (Ukraine)
Weddellmeer
BISCOE ISLANDS
südlicher Polarkreis

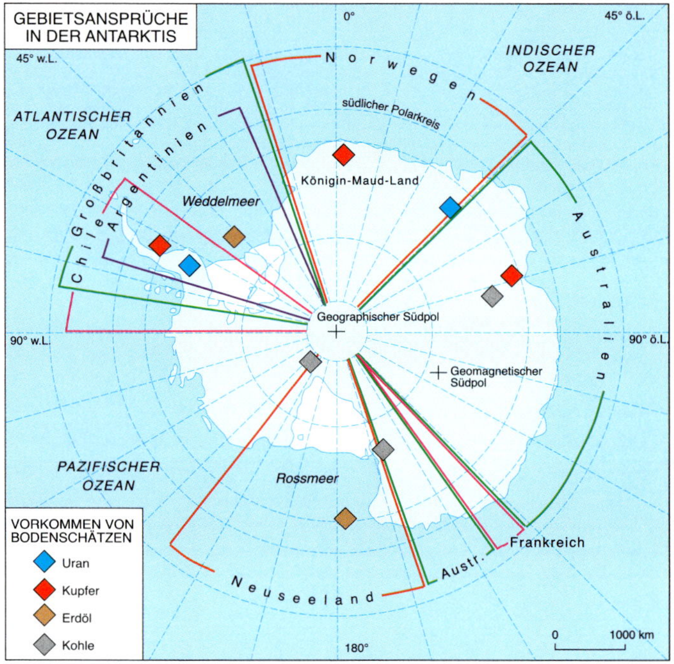
GEBIETSANSPRÜCHE IN DER ANTARKTIS
0°
45° ö.L.
45° w.L.
INDISCHER OZEAN
Norwegen
ATLANTISCHER OZEAN
Großbritannien
Argentinien
Chile
südlicher Polarkreis
Königin-Maud-Land
Weddelmeer
Australien
Geographischer Südpol
90° w.L.
90° ö.L.
Geomagnetischer Südpol
PAZIFISCHER OZEAN
Rossmeer
VORKOMMEN VON BODENSCHÄTZEN
Uran
Kupfer
Erdöl
Kohle
Frankreich
Austr.
Neuseeland
0 1000 km
180°

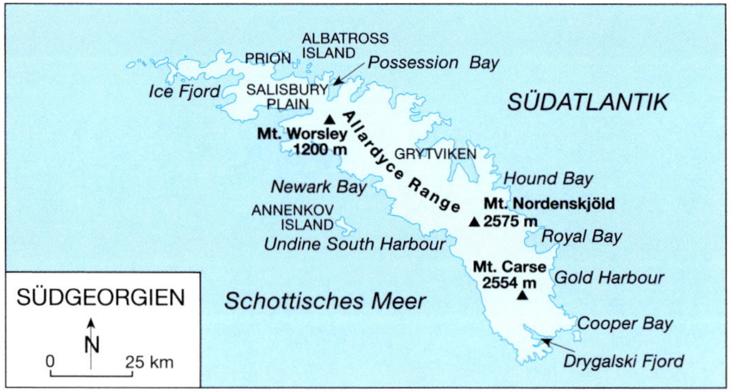
ALBATROSS ISLAND
PRION
Possession Bay
Ice Fjord
SALISBURY PLAIN
SÜDATLANTIK
Mt. Worsley 1200 m
Allardyce Range
GRYTVIKEN
Hound Bay
Newark Bay
Mt. Nordenskjöld 2575 m
ANNENKOV ISLAND
Royal Bay
Undine South Harbour
Mt. Carse 2554 m
Gold Harbour
SÜDGEORGIEN
Schottisches Meer
Cooper Bay
N
0 25 km
Drygalski Fjord

SÜDGEORGIEN
40° w.L.
20° w.L.
0°
20° ö.L.
40° ö.L.
60° ö.L.
60° w.L.
60°n. Br.
ATLANTISCHER OZEAN
SÜDSANDWICH-INSELN
FALKLAND-INSELN
SÜDORKNEY-INSELN
südlicher Polarkreis
INDISCHER OZEAN
Neumayer (Deutschland)
SÜD-SHETLAND-INSELN
FEUER-LAND
SÜDAMERIKA
Kap Hoorn
Drake-Straße
Weddellmeer
Königin-Maud-Land
ANTARKTISCHE HALBINSEL
KERGUELEN-INSELN
MCDONALD-INSEL
HEARD-INSEL
80° w.L.
Filchner-schelfeis
Ronne-schelfeis
Palmerland
ALEXANDER ISLAND
ANTARKTIKA
80° ö.L.
5140 Vinsonmassiv
90° w.L.
Bellingshausen-see
Geografischer Südpol
Davis-see
90° ö.L.
Transantarktisches Gebirge
Wostock (Russland)
Geomagnetischer Südpol
Amundsen-see
Marie-Byrd-Land
Wilkesland
100° w.L.
Ross-Schelfeis
Scott Base (Neuseeland)
McMurdo Base (USA)
100° ö.L.
Mount Erebus 3794
ROSS ISLAND
Victorialand
Adélieland
PAZIFISCHER OZEAN
südlicher Polarkreis
Rossmeer
Magnetischer Südpol
Kap Adare
Dumont d'Urville (Frankreich)
120° ö.L.
120° w.L.
60° n. Br.
ANTARKTIS
0 500 km
Packeisgrenze
äußerste Treibeisgrenze
Forschungsstation
Schelfeis

Der Erebus-und-Terror-Golf des Weddellmeeres. Nach den beiden Höllenhunden waren die Schiffe von James Ross benannt.

Argentinische Sommerstation auf dem einsamen Inselarchipel von Melchior.

Adeliepinguin-Kolonie in der Hope Bay.

Kreuzen im Weddellmeer, Eisberge verschiedenster Größen säumen den Weg.

Impressum

Die Autoren und Fotografen:
Achim Kostrzewa hat Biologie, Germanistik und Geologie/Paläontologie studiert und in Zoologie/Tierökologie promoviert. Bereist seit den 1990er-Jahren zusammen mit seiner Frau und Koautorin die Antarktis. Zahlreiche Fach- und Reisepublikationen sowie Bildveröffentlichungen. Weitere Informationen unter: www.antarktis-arktis.de.

Renate Kostrzewa hat Biologie, Geografie und Pädagogik studiert und in Tierökologie promoviert. Bereist intensiv die Arktis und Antarktis an Bord von verschiedenen Kreuzfahrtschiffen und Eisbrechern. Zahlreiche Fach- und Reisepublikationen bei verschiedenen großen Verlagen. Im Verlag C. J. Bucher erschienen von ihr der Bildband »Schottland – Die Highlands«. Bei dem Band »Alaska« arbeitete sie mit. Sie ist seit mehreren Jahren jeden Winter mindestens einen Monat in der Antarktis sowie im Sommer in der Arktis unterwegs.

Einbandfotos: Adeliepinguine in der Hope Bay, Antarktische Halbinsel (Vorderseite); Fluke eines Südlichen Glattwales, bizarres Eistor, mit dem Schiff im Lemaire-Kanal (Rückseite von links nach rechts).

Bildnachweis:
Alle Einbandfotos Achim Kostrzewa; S. 248 ESA Foto, www.esa.int; alle anderen Aufnahmen stammen von Renate und Achim Kostrzewa. – Die Karten auf den Seiten 278 und 279 zeichnete Astrid Fischer-Leitl.

Literaturhinweise:

Alexander, C. (1998): »Die Endurance. Shackletons legendäre Expedition in die Antarktis«, Berlin Verlag, Berlin.
Amundsen, R. (2001): »Wettlauf zum Südpol. Die norwegische Expedition 1910–1912«, Ullstein TB.
Heidenreich, E. und Buchholz, Q. (1998): »Am Südpol, denkt man, ist es heiß«, Hanser, München.
Kostrzewa, R. und Kostrzewa, A. (2005): »Antarktis für Kreuzfahrer«, CD-ROM-Buch, Eigenverlag. Zu beziehen unter www.antarktis-arktis.de.
Shirihai, H. (2002): »The complete guide to Antarctic Wildlife«, Princeton University Press, Princeton.

Unser Gesamtverzeichnis finden Sie unter www.bucher-verlag.de

Alle Angaben dieses Bandes wurden von den Autoren sorgfältig recherchiert und vom Verlag auf Stimmigkeit und Aktualität geprüft. Allerdings kann keine Haftung für die Richtigkeit der Informationen übernommen werden. Für Hinweise und Anregungen sind wir dankbar. Zuschriften an den:
C. J. Bucher Verlag, Produktmanagement
Postfach 800240, D-81673 München
E-Mail: lektorat@bucher-verlag.de

Lektorat und Bildauswahl: Joachim Hellmuth
Textlektorat: Caroline Kazianka, München
Layoutkonzept: Werner Poll, Putzbrunn
Grafische Gestaltung:
graphitecture book, Rosenheim
Herstellung: Bettina Schippel
Repro: Repro Ludwig, Zell am See
Printed and bound in Slovenia by MKT Print

ISBN 3-7658-1517-9